RUSVELT NIVIA CASTELLANOS

PERIODISMO LITERARIO EN COLOMBIA

Editorial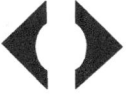

Pensamiento

Rusvelt Nivia Castellanos
Periodismo Literario en Colombia

Editado en Colombia - Edited in Colombia
Diseñado en Colombia - Designed in Colombia
Impreso en Estados Unidos - Printed in United States
Isbn 9798779109628
Registro 10-557-499

Editorial Pensamiento
Derechos reservados
Año 2013

Ninguna parte de dicha publicación, además del diseño de la carátula, no puede ser reproducida, fotografiada, copiada o trasmitida, por ningún medio de comunicación, sin el previo permiso escrito del autor.

RUSVELT NIVIA CASTELLANOS

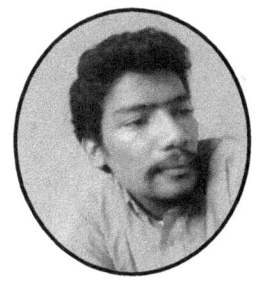

Poeta y cuentista, novelista y ensayista, nacional de la Ciudad Musical de Colombia. Es al mérito, Comunicador Social y Periodista, graduado por la Universidad del Tolima. Y es un especialista en Inglés, reconocido por la Universidad de Ibagué. Tiene tres poemarios, una novela supercorta, un libro de ensayos y siete libros de relatos publicados. Es creador del grupo cultural; La Literatura del Arte. Sobre otras causas, ha participado en eventos literarios, ha escrito para revistas nacionales, revistas de América Latina y de habla hispana. Ha sido finalista en varios certámenes de cuento y poesía mundiales. Ha recibido varios reconocimientos literarios tanto nacionales como internacionales. Fue segundo ganador del concurso literario, Feria del Libro de Moreno, organizado en Buenos Aires, Argentina, año 2012. A mayor crecimiento, fue premiado en el primer certamen literario, Revista Demos, España, año 2014.

De otra conformidad, mereció diploma a la poesía, por la comunidad literaria, Versos Compartidos, Montevideo, Uruguay, año 2016. Tiempo después, recibió un reconocimiento internacional de literatura, para el premio intergeneracional de relatos breves, Fundación Unir, dado en Zaragoza, España, año 2016. Mereció diploma de honor por sus recitales poéticos en la Feria del Libro, Ciudad de Ibagué, año 2016. Posteriormente, por su obra artística de poemas, mereció una mención de honor en el parlamento internacional de escritores y poetas, Cartagena de Indias, año 2016. Y el poeta, recibió diploma de honor en el certamen internacional de poesía y música, Natalicio de Ermelinda Díaz, año 2017. Bien por su virtud creativa, destacado es este artista en su país.

PERIODISMO LITERARIO EN COLOMBIA

CONTENIDO

INTRODUCCIÓN AL PROCESO INVESTIGATIVO……………………..………. Página 13

PRIMERA PARTE…………………...…….. Página 35
RELATO MODERNO
CÉSAR PÉREZ PINZÓN
LA CALLE DEL FAROL DORMIDO

SEGUNDA PARTE…………………...…….. Página 83
CUENTO SOCIAL
EUTIQUIO LEAL
BOMBA DE TIEMPO

TERCERA PARTE…..…………………… Página 107
RELATO TESTIMONIAL
ALFREDO MOLANO
DEL LLANO LLANO

CUARTA PARTE…………..……....... Página 129
NOVELA CORTA
LAURA RESTREPO
LA MULTITUD ERRANTE

QUINTA PARTE.............................. **Página 179**
NOVELA INFRAREALISTA
ANDRÉS CAICEDO
QUÉ VIVA LA MÚSICA

SEXTA PARTE............................... **Página 199**
REPORTAJE NOVELADO
ANA CARRIGAN
EL PALACIO DE JUSTICIA

SÉPTIMA PARTE........................... **Página 221**
NOVELA PERIODÍSTICA
GABRIEL GARCÍA MÁRQUEZ
NOTICIA DE UN SECUESTRO

OCTAVA PARTE............................ **Página 265**
LAS CONCENTRACIONES

NOVENA PARTE............................ **Página 279**
LOS DERROTEROS

BIBLIOGRAFÍA............................... **Página 281**

PERIODISMO LITERARIO EN COLOMBIA

ALUSIÓN

La presente obra ensayística, con algunas agregaciones y mejorías, surge del trabajo hermenéutico realizado en el programa de Comunicación Social y Periodismo, Universidad del Tolima, orientado por el maestro en literatura, Gabriel Arturo Castro, graduado por la Universidad Tecnológica de Pereira, hombre altruista a quien agradezco inmensamente sus comentarios, sus grandes aportaciones teóricas, además de las sugerencias ofrecidas en cuanto a lo periodístico y literario.

Doy gracias también a mi padre, José Roosevelt Nivia Montoya, por ser un sostén para mi vida, quien respalda estos sueños y querencia a mi madre, Esperanza Castellanos Arias, por el apoyo incondicional que me brinda, siendo una gran protectora, bellos amores.

Reconozco por otra parte, los consejos del maestro Pierre Pomar Díaz, Universidad Nacional de Colombia, Arlovich Correa Manchola, Universidad Surcolombiana, Carlos Arturo Gamboa, Universidad del Tolima.

Y este libro, dedicado para todos los colombianos, quienes anhelamos la paz.

INTRODUCCIÓN AL PROCESO INVESTIGATIVO

En este trabajo, se estudian siete obras de narrativa colombiana, relacionadas con el periodismo literario y su función social, hecha para el país. De esta manera, la interpretación de los libros quedó compuesta en siete capítulos, más las concentraciones y los derroteros, que explican varias nociones de realismo y sociedad. Estos entramados a su vez muestran cómo las historias con los hechos generan una significación demostrativa de acuerdo con las distintas problemáticas de Colombia.

Por otro lado, las ideas hasta aquí planteadas, surgieron ciertamente de estudios previos que he llevado a cabo de conformidad con el nuevo periodismo.

En tal instancia, profundizo la relación del periodismo con la literatura. Este estudio lo hago por medio de las siete obras que leo y luego interpreto: *La Calle del Farol Dormido*, por César Pérez Pinzón; *Bomba de Tiempo,* de Eutiquio Leal; *Del Llano Llano,* por Alfredo Molano, *La Multitud Errante*, de Laura Restrepo; *Qué Viva la Música*, por Andrés Caicedo; *El*

Palacio de Justicia, de Ana Carrigan y *Noticia de un Secuestro*, por Gabriel García Márquez.

La pregunta básica de la investigación es la siguiente: ¿Cómo podemos aproximarnos a la relación entre periodismo y literatura?

Por tanto, la monografía es relevante para los jóvenes periodistas y para los lectores de literatura. Allí relaciono el saber narrativo con el trabajo periodístico, por lo cual este proyecto examina el lenguaje como una representación de la realidad.

A causa de este motivo, entro en los temas centrales del periodismo literario, los cuales giran en conexión sobre la novela testimonial, con los quehaceres del ser reporteros y el nuevo periodismo. Así entonces, consigo ahondar la vocación del escritor como un indagador y detective. Esto por supuesto, lo hago a partir de los siete escritores que he tomado como fundamento para la monografía.

Sobre otra instancia, me parece oportuno revitalizar la concepción de la literatura investigativa. Primordialmente especificar las transiciones que se debe efectuar para erguir un reportaje novelado. Es aquí donde nace la concentración del periodismo literario, entre la búsqueda de información y la pesquisa de los motivos, junto a los hechos.

Entonces, para promover la trascendencia de este periodismo, comienzo a debatir sobre la comunicación textual eficiente. Y claro, el trabajo escrito me permite la licencia de proponer lo esencial de la reportería; la información fidedigna con la escritura.

El objetivo general que se propone es interpretar los siete libros de narrativa colombiana y aproximarse a la relación entre periodismo y literatura. En cuanto a los objetivos específicos es generar diálogo entre las voces de la literatura y el periodismo a partir de la lectura de las obras. Además, comprender los sentidos presentes en las obras literarias.

Ya como supuesto investigativo, propongo que para aproximarnos a la relación entre literatura y periodismo, resulta necesario interpretar la significación de las obras y dialogar con diferentes voces estudiosas de esta problemática vanguardista.

Entonces, tomo como fundamentos teóricos, primero el documento; *Manual del Periodista Independiente*, escrito por Deborah Potter. Lo creo necesario para aterrizar los conceptos prácticos del periodismo con mayor precisión. El texto es sugerente, aparte de que brinda distintas integraciones teóricas a la investigación. Por su parte, la pensadora Potter deja en claro los procederes que hay que hacer para su profesión. Ella nos enseña los secretos de cómo contar una historia sobresaliente, partiendo del trabajo independiente que uno promueva en vida, ya sea como escritor o reportero. Y sí, también en el documento, ella nos sugiere las habilidades que debemos aplicar a la hora de publicar un escrito o alguna información fidedigna.

Sobre el otro paso, trabajo este libro del español, Albert Chillón, *Literatura y Periodismo: Una Tradición de Relaciones Promiscuas*. Es quizá la obra base para este proyecto de novedad periodística. Dicha investigación, la considero como céntrica en lo teórico. El propósito fundacional es ofrecer con ello nuevos aportes en cuanto a las reformaciones del periodismo especializado.

Lo del maestro Chillón es adicionalmente un estudio contemporáneo que nos abre puertas a la narrativa investigativa. Además, considero al teórico imprescindible para mi trabajo, porque sus obras vienen influenciadas por la hermenéutica de Paul Ricoeur. Aparte, su tesis sobre literatura y periodismo, explica el lenguaje como una significación comunicativa. Es decir, ahonda su análisis en el lenguaje escrito y lo probable lo relaciona con la realidad.

Ya tras lo argumentado, Albert Chillón comienza a presentar la narrativa únicamente periodística. Se ubica en los cánones de la creación escritural. A puro raciocinio, plantea los géneros literarios de la no ficción con trascendente suficiencia. Y por tanto, da un espacio particular a la prosa literaria testimonial.

Así los tiempos, la investigación de Albert Chillón, me es útil para concretar las propiedades de una novela realista, un relato no ficcional y una crónica. A propósito, las declaraciones de este erudito, sé que son significativas en cuanto a lo demostrativo.

Ahora sobre Paul Ricoeur, parto de su obra; *Teoría de la Interpretación*, la cual plantea varias comprensiones sobre el lenguaje desde los distintos géneros literarios como el poema, la narrativa y el ensayo, fuera de que aprecia el lenguaje como medio de trabajo. En este sentido, sus fundamentos pasan del discurso a la literatura, explicando con desarrollo los modos de hacer escritura, tratando este arte con esfuerzo, hasta alcanzar la metáfora viva, la cual pude resurgirse desde las distintas formas creativas, ya sea mediante el poema o la narración. Y en su cometido, Paul Ricoeur, bien lo logra por medio de su conocimiento, que relaciona y fortalece con la filosofía griega de Platón y Aristóteles.

Así es que varios de los conceptos; que hay en este libro; *Teoría de la Interpretación*, me sirven para el estudio de las obras; *La Calle del Farol Dormido, El Palacio de Justicia, Noticia de un Secuestro*, porque nacen del lenguaje narrativo.

En cuanto a las otras obras; *Bomba de Tiempo, La Multitud Errante y Qué Viva la Música*, tomo por preferencia los postulados de Edgar Allan Poe, así como la discursividad de Julio Cortázar, aparte de la teoría literaria, propia de Carmen Pujante. En sus documentos académicos, encuentro evidentemente alusiones coherentes sobre composición poética y hasta novelística, las cuales apoyo con aprobación y las cuales sé acordes para el estudio de estos tres libros.

De otras conexiones, tomo la teoría de Luz Aurora Pimentel, *El Relato en Perspectiva*, que me sirve para argumentar las funciones del relato moderno. De hecho, la obra de Pimentel, habla de qué es el relato, cuáles son sus múltiples composiciones y explica las características que debe tener un texto de esta índole narrativa. Por tanto, creo necesarias estas nociones para el trabajo en la obra de César Augusto Pérez.

De continuidad, paso a elegir la investigación de Flor de Liz Pérez, llamada; *De la Historia Oral al Periodismo Literario*. Y también tomo algunas referencias del libro; *La Incómoda Frontera entre El Periodismo y La Literatura*, creado por René Áviles Fabila. En claro sentido, ambas obras son adecuadas para esta investigación. Juntas, me abren luces sobre tal concepción constructiva, desde los hechos y desde la realidad periodística, además me iluminan en cuanto a la plasmación de la escritura. Hay entre otras cosas, allí ideas valiosas y discursos relacionados con la reportería y la escritura, que me sirven para apoyar los criterios de las narraciones interpretadas.

También respecto a lo periodístico, me apoyo en el manual teórico: *El Periodista Universal*, creado de David Randall. Esta escogencia la hago porque con las experiencias que él ofrece como reportero, puedo definir las actitudes del periodista cuando está ejerciendo su labor. Además, leyendo a dicho inglés, uno encuentra en el texto conocimientos sobre teoría periodística, muy eficaz y buena. Por tales motivos, son oportunos sus postulados de investigación.

En consecuencia, *El Periodista Universal*, me servirá sobremanera para explorar mejor los relatos no ficcionales, los cuales se tomaron como objeto de estudio. Asimismo, manifestaré entre diálogos renovables, las relaciones entre literatura y hacer periodismo literario, ello lo cual se logrará con la ayuda de estos fundamentos científicos.

Ahora entonces, voy a mencionar el concepto de periodismo literario. En esencia, esto será base para el trabajo, porque de aquí parte la explicación de obras, las cuales se van a trabajar. Por cierto, Albert Chillón, dice:

Si queremos justipreciar la significación del periodismo literario en la cultura contemporánea, debemos ponderar antes el relieve que durante las últimas décadas han adquirido nuevos géneros, estilos y modalidades de expresión y comunicación nacidos de la simbiosis entre el documentalismo científico y periodístico, de un lado, y las formas de arte y literatura tradicionales, de otro. Se puede decir que existe ya una incipiente toma de conciencia sobre la cuestión, manifiesta en trabajos dispersos y en aportaciones parciales; pero también que, falta una perspectiva histórica y teórica de conjunto. (1999, p.185)

Y obvio esto es claro, nosotros debemos repensar la fusión de lo discursivo con lo artístico en cuanto con la creación del lenguaje. Dicha complejidad, se hace ciertamente preponderante por la genialidad de los escritores, quienes buscan contar la realidad procurando lo innovador, desde varios puntos de vista, ya sea conjugando hasta lo poético con lo ensayístico. A causa de ello, Albert Chillón, propone lo siguiente:

A partir, sobre todo, de los años sesenta, la división tradicional entre escritura de ficción y escritura de no ficción ha sido cuestionada desde diversos frentes de la actividad literaria y cultural. Prosistas como Truman Capote, Norman Mailer, Leonardo Sciascia, Günter Wallraff, Eduardo Galeano, Gabriel García Márquez Manuel Vázquez Montalbán o Ryszard Kapuscinski; o dramaturgos como Rolf Hochhuth o Peter Weiss; historiadores como Juan Myrdal Carlo Ginzburg o Ronald

Fraser y sociólogos y antropólogos Oscar Lewis, Studs Terkel o Miguel Barnet han escrito obras caracterizadas por la combinación deliberada entre el verismo documental y los procedimientos de escritura y de empalabramiento de la realidad propios de la literatura de ficción. (1999, p.66)

En consecuencia, ahora nace la necesidad por querer clarificar estas invenciones, profundizando lo creativo y lo literario. Evidentemente en concepción son complejas sus narrativas y permiten unos renovados espacios sobre lo creacional con la escritura. Así bien, ingreso un dilema que en el pasado inquietaba a Gabriel García Márquez:

Mi problema original como periodista fue el mismo de escritor: cuál de los géneros me gustaba más, y terminé por escoger el reportaje, que me parece el más natural y útil del periodismo. El que puede llegar a ser no sólo igual a la vida, sino más aún: mejor que la vida. Puede ser igual a un cuento o una novela con la única diferencia sagrada e inviolable de que la novela y el cuento admiten la fantasía sin límites pero el reportaje tiene que ser verdad hasta la última coma. Aunque nadie lo sepa ni lo crea. Y además digo; yo siempre había vivido con la duda de saber cuál era la diferencia entre la literatura y el periodismo y si yo era escritor o reportero. Pero ahora estoy feliz porque me he dado cuenta de la respuesta: el periodismo es un género literario, pero sí, la escritura periodística es un género literario. (200, p.2)

Aquí por supuesto, lo dicho por Gabriel García Márquez es impresionante y luminoso. El escritor nos explica lo especial que es el reportaje como medio de expresión escrita. Es imprescindible para la vida del periodista, ya que desde su experiencia de vida, comenta la gran utilidad del reportaje sobre el periodismo. Y fuera de todo, el maestro Gabriel García Márquez, piensa la escritura periodística como un género literario. Debido a lo expuesto, vale la pena traer la voz de Anuar Saad, quien expone:

Es universalmente reconocido el binomio periodismo-literatura, concepto de la comunicación escrita que, sin embargo, cuenta con su correspondiente excepción: algunos especialistas consideran que aquello no es más que una extraña y absurda mezcla que estaría lejos de conformar un género o recibir una denominación específica. Pero los hechos demuestran que, en efecto, existe una expresión periodística sobre la que soplan fuertes vientos literarios. Así, se habla hoy de Periodismo Literario para señalar los relatos cruzados por estructuras, técnicas y formas narrativas propias del cuento o la novela. (2011, p.15)

Por consiguiente, lo argumentado por Anuar Saad es coherente con nuestra época moderna, porque la concepción del periodismo ha cambiado bastante a lo largo del siglo veinte. En el presente, hay conjugaciones con el lenguaje y han surgido nuevas formas de contar lo histórico. Además, como él mismo diría:

La vigencia del Periodismo Literario está exenta de toda duda en tanto que es cada vez más visible el interés de los medios de comunicación escritos por mostrar trabajos con un alto contenido en su narración. La preocupación estética respecto al desarrollo de las historias es cada vez más creciente, y de allí la proliferación de revistas especializadas donde son visibles el esfuerzo y la puesta en escena del ingrediente literario. (2011, p.15)

Tras el hecho, todo este entramado, nos quiere dar a entender que la significación sobre periodismo y literatura ha cobrado envergadura formal. Su totalidad, posee ahora un estado más concreto y tiende a ser especializado. Para el caso, Mariana Bonilla explica en uno de sus textos:

Es pertinente analizar lo que es el periodismo literario. El fenómeno que conocemos como periodismo literario comenzó a desarrollarse en los EEUU en los años 60, bajo el nombre de New Journalism o Nuevo periodismo. Se trataba de una práctica que ligaba al periodismo y la literatura. De los autores más conocidos dentro de este género se encuentran Tom Wolfe, quien es considerado por muchos como el padre, y Hunter Thompson. El primero, autor del libro New Journalism (1972) escribió que el periodismo literario no se limitaba a realizar una narración descriptiva. El objetivo de este nuevo periodismo no consiste en contar "que" había pasado, sino "como", sin necesidad de esconder las interpretaciones subjetivas. Lo importante es que cuando se escribe se cuente una historia. (2011, p.1)

De este modo, ella plantea el periodismo literario como una creación subjetiva. Es importante tenerlo en cuenta a la hora de ejecutarlo. Y que en este campo del periodismo, lo imprescindible viene a ser contar la historia.

Ahora, inferidos estos conceptos, noto que la explicación más concreta es la planteada por el español, Albert Chillón. Su modo de desglosar los fundamentos del periodismo literario, se hacen innovadores. Mediante lo anteriormente escrito, aterriza y vitaliza los personajes de quienes desarrollaron esta actividad tanto de pesquisa como narrativa. Luego el autor menciona a los novelistas contemporáneos que han mezclado la veracidad documental en las abstracciones del lenguaje literario.

De este modo, para uno comprender esta corriente periodística y literaria, se hace necesario ahondar en la novela realista, así como en la narrativa. Y también, se sabe obligatorio tener presentes los procedimientos del periodista, cuando él decide proyectar un reportaje de tipo especializado.

Pondré a continuación las definiciones teóricas, que yo creo más esenciales para así articular este universo del periodismo literario junto con las novelas de estudio. En orden de ideas, Tom Wolfe menciona:

Creo que existe un tremendo futuro para un tipo de novela que se llamará la novela periodística o tal vez la novela documento, novelas de intenso realismo social que se sustentarán en el concienzudo esfuerzo de información que forma parte del Nuevo Periodismo. Existen ciertas zonas de la vida dentro de las que el periodismo no puede moverse con soltura, particularmente por razones de invasión de la intimidad, y es dentro de este margen que la novela podrá desarrollarse en el futuro. (1977, p.31)

Este planteamiento me da luces sobre el nuevo periodismo y es por cierto base para la interpretación de la novela periodística, propia de Márquez.

A partir de David Randall, tomo tres conceptos claves:

Fino instinto informativo: En sentido positivo, consiste en saber qué es una noticia interesante y cómo entresacar los aspectos informativos esenciales de un batiburrillo de datos. Segundo, en otro sentido sirve para ahorrar tiempo al no investigar asuntos que no quedaran en nada. Y el tercer motivo es que si no tienes intuición de noticia o si la tienes, pero no la usas, te vas a perder las cosas. (1999, p.6)

En este primero, reconozco la búsqueda de una historia y si vale la pena ser contada. De consiguiente coherencia, me permito apreciar las temáticas con problémicas que decidieron tomar los escritores para sus propias investigaciones periodísticas. Y con esta premisa, constato cuán relevante fue lo narrado por los escritores, respecto a datos con informaciones:

> *Disponer de recursos: Usar el ingenio y el encanto personales forma parte de la diversión de informar. En ocasiones, esto requiere forzar la suerte pidiendo el número telefónico de una fuente potencial o quizá marcarse un farol para acceder a un lugar donde no tenemos permiso para estar reglamentariamente.* (1999, p.9)

En el segundo concepto, examino con Randall, la facultad del periodista para sacarse una buena historia. Muy a lo detallado, podré revisar el conocimiento espacial que tenía cada uno de los creadores literarios, respecto con sus historias, más a lo bien, conseguiré descubrir las confesiones trascendentales, que algunos de ellos pudieron contar con eficacia:

> *No confiar en ninguna fuente: Sospechar sistemáticamente de las fuentes es esencial*

para cualquier reportero y, en realidad, para cualquier periodista. (1999, p.9)

Y el tercero, me sirve para perfilar esta cualidad del buen reportero, que es contrastar las confesiones de los informantes, para así, ofrecer después una historia coherente con los hechos y lo fidedigno.

Ahora, para Ryszard Kapuściński:

Ser historiador es mi trabajo. Estudiar la historia en el momento mismo de su desarrollo, lo que es el periodismo. Todo periodista es un historiador. Lo que él hace es investigar, explorar, describir la historia en su desarrollo. Tener una sabiduría y una intuición de historiador es una cualidad fundamental para todo periodista. En el buen periodismo, además de la descripción de un acontecimiento, tenéis también la explicación de por qué ha sucedido; en el mal periodismo, en cambio, encontramos sólo la descripción, sin ninguna conexión o referencia al contexto histórico. Encontramos el relato del mero

> *hecho, pero no conocemos ni las causas ni los precedentes.* (2002, p.58)

En este sentido entonces, lo planteado por Kapuściński, fortalece obviamente los ideales del buen periodismo, que deben estribar sobre acontecimientos precedentes, causas conflictivas y sucesión de los hechos.

Por otra parte, traigo a consideración este argumento de Luz Aurora Pimentel:

> *Un relato es la construcción de un mundo y, específicamente, un mundo de acción humana. En tanto que acción humana, el relato nos presenta, necesariamente, una dimensión temporal y de significación que le es inherente. Por ello, hemos de considerar ese mundo de acción no simplemente como un hacer exterior o aislado, o como ocurrencia singular, sino como parte de un entramado significante de acción que incluye procesos interiores, sentimientos, pensamientos, estados de ánimo; incluyendo por ende, las fases intelectuales de la acción, tales como la planeación, la*

previsión, el propósito, pero indisolublemente ligadas a la acción efectiva. (1998, p.17)

De manera coherente, lo expuesto por la maestra me sirve para sustentar los relatos de César Augusto Pérez. Con esta propuesta; la obra del autor tolimense, puedo pensarla no solamente como el hacer extrínseco sino también como esta conexión interpersonal, que surge cuando uno está compenetrado con la reportería, donde el trabajo es realmente mancomunado, dispuesto entre testigos, informantes y demás personas relacionadas con la historia, quienes perfilan estados de ánimo al recorrido del relato.

Ahora en la metodología, hago un estudio interpretativo, siendo subjetivo con las explicaciones, conjugando mi voz con las voces de los teóricos periodísticos y los teóricos literarios. Y claro, relaciono literatura con periodismo a partir de los siete libros*: La Calle del Farol Dormido, Bomba de Tiempo, Del Llano Llano, La Multitud Errante, Qué Viva la Música, El Palacio de Justicia y Noticia de un Secuestro.* Refiero las historias reveladoras que fueron descritas por los mismos escritores. Por esta misma ruta, encamino después una interpretación sobre la novela no ficcional y el relato periodístico, pues esta relación céntrica, hace parte de lo que es esencialmente periodismo literario. En tanto, por necesidad, hablo de los protagonistas y muestro como fueron perfiladas sus individualidades.

Así entonces, para explicar estos ideales con argumentos, paso a centrar en detalle los pasajes sobresalientes de estos textos recogidos. De este modo, ubico los apuntes más precisos a modo de testimonios y luego consigo ofrecer una opinión personal. Y al caso, doy discusión libertadora sobre estos nexos entre la literatura y el periodismo.

PRIMERA PARTE
RELATO MODERNO
CÉSAR PÉREZ PINZÓN
LA CALLE DEL FAROL DORMIDO

En primordial instancia; *La Calle del Farol Dormido*, nace de la mano del escritor tolimense, César Pérez Pinzón. El libro tiene en su totalidad 147 páginas. Toda la obra está compuesta por cinco relatos. Empieza con esta historia; *Y Aquella Noche Silbaba El Viento*, siguen de profundidad, *La Suerte de Ovelar*, *Un Intenso Olor A Siempre Vivas*, luego aparece este escrito, *Los Viejos Amigos* y por último cierra, *En un Lugar Apartado Del Mundo*. El libro es publicado en el año de 1996. Se gestiona por medio de Ediciones Fórum Pacis. Y por tanto; la creación, la edición como la impresión, toda es realizada en Colombia.

De aparte ahora relevante, comprendo esta creación ambientada en los suburbios de Bogotá. Corren alrededor unos tiempos violentos. Desde los personajes, nacen las historias y entre las ocurrencias, va pintándose la ciudad capital de Colombia. Más que todo aparece el centro, entre algunos lados peligrosos donde aún deambulan los viciosos, sumidos en la drogadicción. De hecho con sentido explícito, César Pérez problematiza la condición humana, preocupa al hombre quien está en miseria, lo interroga y colige sus desesperaciones. Así, la finalidad del artista va dirigida hacia quienes sufren crisis existenciales, más nos llega a nosotros de frente con el presente circundante y nuestro futuro.

Bueno, ya sin más premisas, comienzo a evocar el libro, *La Calle del Farol Dormido*. Este es un conjunto de cinco relatos donde la rudeza de los hechos es apabullante. Por medio de la pluma de César Pérez, uno como lector, convive en la realidad de ese inframundo que se revuelve por entre los escondrijos de Bogotá. Así toda la construcción nace de los centros donde espumea la drogadicción. El descarrío prolifera con cada dramatismo saliente del desorden. Los suburbios allí descritos, saben a humo, las prostitutas deambulan sin ninguna paz, los rincones huelen a caucho quemado. En esa pesadumbre, mora nomás el desespero con la dolencia recíproca. Los seres, que allí recrean el espacio citadino, yacen los unos entre cantinas mientras los otros perduran metidos en sus covachas o cementerios. Ellos van yendo sin equilibrio. En desidia se agonizan como seres enfermos. A fuerza de existencia, cada quien lucha por lo suyo. Muchos roban a costa de hambre y los truhanes expenden la cocaína. No importa si el otro semejante muere; allá lo único que vale es sobrevivir, poder salvarse del abandono, toca aprender como sea a pelearla con raigambre y rudeza. Por este motivo, las leyes de convivencia son impuestas por los hombres más fuertes. Así que por desboque, suceden las tragedias. Es lo que ellos digan y listo; se ejecutó el crimen o incluso se traicionó hasta a los mismos vecinos, sin llegar a recapacitar en las consecuencias.

Por lo tanto fraguado, uno aprecia un estilo osado a lo original en la obra artística de este digno literato. En su globalidad, los escritos se entienden llenos de riqueza estética, los cuales alcanzan lo sensorial y lo ilustrativo. Debido a ello, hay logros probatorios sobre aquella época moderna, allí expuesta en los relatos. Las frases coloridas nos dan las pertenencias, únicas a esos acaecimientos. Y a propósito como establece, Georg Lukács:

> *Los nuevos estilos y las nuevas modalidades de exposición no surgen nunca de una dialéctica inmanente de las formas artísticas, aunque arranquen siempre de las formas y los estilos anteriores. Todo estilo nuevo surge con*

necesidad social histórica de la vida, es el producto necesario de la evolución social. (1996, p.179)

De este modo, lo contado por el narrador consigue de vez en ocasión una voz iracunda. A gruñidos, libera eso soterrado del vagar por entre callejuelas errabundas. Cuando él vierte los desahogos, demuestra por sí solo la ferocidad de penas, que soportaron sus protagonistas. En verdad, ellos siendo unos vagos, de sangre y dolor, más ellas siendo unas malcriadas, de corazón y lujuria, acaban haciendo cosas demenciales por sus pasiones degeneradas. Tras el efecto, uno medita a estos luctuosos en perdición. Las actitudes suyas rozan lo lastimero con lo pesado. Ellos son todos ebrios, hacen fricciones malévolas, pueden más sus impaciencias que la tenacidad de la resistencia. De pérdida, se encausan a mayor mortificación. Sobre lo sucesivo de las páginas relatadas, el escritor descolla lo alicaído de cada ser como un torrente lacrimoso. Sus vidas, siempre se descubren sufriendo los reveses de esos odios, que mal provocaron. Es entonces esta obra de César Pérez, cortante como acusadora, porque destapa lo penumbroso de nuestra incuria. Aquí podemos leerlo:

Aunque todos saben de que se trata, los repetidos golpes en la puerta de cada apartamento producen sobresalto en los habitantes de los edificios de la Calle del Farol. No se ignora ninguna puerta y hasta los refugios, donde se ocultan algunos hombres y mujeres de actividad oscura, son sacudidos por el estrépito de un puño insistente sobre la madera engrasada y carcomida, que los separa de las heladas corrientes del exterior. (1996, p.15)

Ahí entonces está lo evidente, la narración nos refleja con potencia el atraso urbano que vivimos en torno a lo comprensivo para el otro yo. El escritor sugiere que aún somos intolerantes como abusivos, que en la mayoría de nosotros impera el beneficio personal. A contrarresto, lo allí tremendo, muestra esa urbe de imperfección, debido a que el ser humano es por lo general, todavía ambicioso y rebelde.

Hacia los otros socavones, por cierto, sobresale la literatura de este escritor tolimense, repercutida por las tinieblas de su propia época. De causa en vida, sus narraciones invocan la crisis vieja de nuestra Colombia. Resalta como nuestro pasado acabó con este presente tormentoso. Nos acerca las crisis de pobreza en la ciudad capital de Bogotá. Son puestos los problemas económicos de manera perentoria. Queda levantado el mercantilismo por haber tanta ignorancia en la ciudadanía. Entre los pobres y la delincuencia; corren los años ochentas como una ventolera tóxica. Los jíbaros no paran de dañarse con su viciedad. De golpe, lo real se sabe difícil hasta caber en nuestro arrepentimiento, para nuestra memoria. Esto quiere decir cómo la rusticidad nos llama a reconocer nuestra miseria existencial. Por el agobio, parece no haber salida entre esos espacios, que se saturan de agrieras espeluznantes. Hay tugurios en cada cuadra hedionda de los barrios allí más pobres. Asoman desde las ventanas los ratoneros, sueltan sus risotadas, dan labia un rato y de pronto se esconden para seguir con lo de ellos, tan picaresco. Seguidamente, lo ruinoso pesa allí en lo material mientras que lo benigno se desvanece como un espejismo. En crescendo, la voz de César Pérez supera el estado de narración egocéntrica para llegar fugazmente a lo poético, quizá por eso resurgió a lo férreo.

Debido a lo suyo, por algo será que Juan Manuel Roca acierta, cuando comenta:

César Pérez Pinzón deja entrever en este libro de relatos un largo aliento de narrador hecho para novelar la realidad. Aquí podemos asistir al ennoblecimiento estético de la cotidianidad, quizás dentro de la óptica de León Paul Fargue cuando afirmaba que una frase perfecta está en el punto culminante de la mayor experiencia vital. Porque acá, en la narrativa de Pérez Pinzón se siente la palabra como expresión vital, como deseo de oposición al trivializado lenguaje moderno. (1996, p.150)

El aparte anterior de conformidad, nos demuestra por supuesto el saber del escritor en cuanto al urdir narrativo. Desde aquí, uno descifra como trabaja por recuperar la exterioridad para refundarla a través de varias remembranzas, que se enriquecen con su poder creativo. Le da él magnitud a lo coexistente a medida que lo entrama con aquel trasiego íntimo de sus protagonistas, varios de ellos veteranos, siendo ellos unos seres auténticos.

Más en lo personal, su ficción transgrede por momentos mi presente, exhortándolo en lo trascendental. Porque sí, todo lenguaje es simbólico, proviene del sujeto quien pone las letras, pero cuando formamos la metáfora o la visión en nuestra mente, la misma aparece adentro de uno para insinuarnos la posibilidad del otro mundo, sabido entre nosotros los seres humanos. De modo que la visión proviene de lo imaginativo o lo real, pero en la hoja es siempre abstracta.

En adición, aquí se ratifica la erudición de Paul Ricoeur, propio de su libro; Teoría de la interpretación:

Lo que sucede con la escritura es la manifestación completa de algo que está en un estado virtual, algo incipiente y rudimentario que se da en el habla viva; a saber, la separación del sentido y del acontecimiento. (1995, p.38)

Ya bien esta exactitud, prevalece muy en lo compatible con la percepción del hombre; pues la pertenencia de lo prosaico proviene de la mentalidad del ser y también nace del querer compartir lo que pensamos de conexión con este universo externo. De aquiescencia, así también lo entreveo en la obra de Pinzón, quien tendía a ser intimista. Sacó él sus secretos a recuperación consiente, habló de las experiencias con sus amigos de la calle a cristalidad, siendo honestos. Como todo un literato consagrado, puso lo mejor de su alma con sacrificio, sobre el papel y con las letras. Hizo a superación relatoría de altura, cuando tuvo que estar entre la soledad, fraguó una gran narrativa.

Así las cosas; lo recordado en *La Calle del Farol*, nos desdobla un periodismo literario, intrépido, todo revolucionario. Hay de hecho perfiles de vidas, surcadas con la indagación a compañía, donde el escritor frecuenta varios testigos y a los protagonistas para más adelante representarlos con la regeneración de su literatura, que es libre. Y en efecto, por este modo de composición, va él previendo los trasfondos intrincados de los hechos, los cuales desenfunda con perspicacia en lo literario. Siendo certero, apuntala lo fuerte, porque descolla en las sombras del ser humano, quien padece su misma imperfección, donde se ven los matices variados de los hombres. Fuera de lo anterior, queda reflejado el desorden, el cual abruma a esta sociedad desordenada. A verdad, uno contempla los entornos ilustrativos. De manera singular, se fusiona lo alucinante con las anécdotas inobjetables y de una forma dramática, se dan los delirios de quienes allí persisten con ebriedad. Son así estas tendencias, las cuales conforman los movimientos de los personajes, actividades tanto sensualistas como azarosas y hasta alcohólicas, que residen en la obra artística. Por desboque, las rudezas allí referidas sorprenden hasta conmocionar en la nerviosidad. Más estos sobresaltos, se generan porque hay en esas periodicidades matices realistas, que rasguñan al miedo. Para lo conforme, cazo el siguiente argumento de Camilo José Cela, quien con sobriedad opina:

Yo creo que el periodismo, al igual que la literatura y la vida misma, siempre tienen que estar al servicio de la verdad. No se puede estar al servicio de la mentira. De otra manera, le estaríamos dando la razón a los gánsters en sus relaciones públicas y les estaríamos ayudando en la difusión de su evangelio. (Citado por René Avilés Fabila, 1999, p.22)

Por este rumbo, claro sobre lo demostrativo, gravita indudablemente la elucubración de César Pérez en cuanto a sus relatos. De modo completo, transita la fluctuación entre lo creíble con lo increíble. A medida que uno lee las historias, uno se conmociona y cada vez más se sorprende hasta el final. En este recuento de la historia; *Y Aquella Noche Silbaba El Viento*, podemos de hecho apreciarlo:

> *Al fin cesa el ruido. La expectación ahoga el aliento de los vecinos. Pasados unos segundos, un cuerpo desnudo irrumpe en la calle, rodando por el suelo como impelido por una explosión, y queda bocabajo entre la gente. María lanza un grito que es detenido por la severidad con los ojos de Mateo y quiere decir en auxilio del cuerpo blanco que tiembla bajo las miradas aquillinas. No los consigue. Mateo vuelve a intervenir para tomarla de un brazo y retirarla con energía.* (1996, p.29)

Por tanto lo contado, uno queda impresionado. En el acto uno se sobresalta ante la alteración de los sentidos. Evidentemente, la recordación es fuerte. Hay aparte intromisión sensitiva sobre los individuos. En todo ese riego de palabras, se enarbola la ciudadanía penumbrosa.

Persistente está el desconsuelo en las calles de la perdición. Las afueras son de mucha suciedad. Entre espasmos, uno comprueba a su comunidad imberbe. Casi nadie se respeta con el otro compañero. Lo bravío pulula en cada esquina, ya sea de bazuco o de escabrosidad. En lo fatídico aparece la esquizofrenia. Odiosamente la gente se descalabra con furia a lo mal contra la otra gente. Pesada es la disputa entre esos vecinos. En parche, van los vagos desosegados en antipatía por los rumbos de la enemistad. Maniobran ellos sin miedo un pocotón de canalladas. Al tanto, quedan nada más que charcos de sangre mientras silba el viento. Luego el silencio y los bandidos se van frescos con las manos corrompidas. De otra posición, los lacerados yacen siguiendo ahí tumbados, sin el menor amparo, sabiéndose rajados de dolor. Cuando para lo peor, bajo lo nublado, se van de a poco muriendo, ellos dejando al mismo llanto.

Y obvio sí, estas historias de tenebrosidad, penetran en lo nervioso, tocan en lo existencial. A lo largo de lo allí narrativo, bulle la furia de lo intimista. Las conciencias de los individuos convulsionan en esos sumideros, por haber tanto caos. El pánico los acorrala y más tarde que temprano; ellos acaban mal, la mayoría de ellos van quedando derruidos, bajo lo fracasado. Tras esto frenético, uno percibe un periodismo más que renaciente en esta creación del arte. Pues sobre lo completa, nos afecta en lo emocional, roza nuestra vida. Consigue ser por aserción penetrante. A esa comunidad, se la percata desde sus personajes desgraciados, los cuales van con sus angustias, muy ofendidos y vejados. Fuera de que no distorsiona nada durante lo descrito, cada identidad resulta estar concreta, erguida en lo memorial. Como alaridos; suena por repercusión lo duro del desarraigo, proliferando todo vertiginoso en aquellos ambientes de pesadumbre. Hacia lo más pensante, se reconoce el impacto de esas afueras metálicas por lo rudas, donde se ve que hay una investigación exhaustiva, la intemperie es ahí lo que es peligrosamente, la inclemencia de su época drogadicta. De hecho en esos dramas tanto generales como familiares, nadie tiene tiempo para recapacitar en el bien. Sólo se idea lo descabellado, ante la crisis existencial, por lo cual aparece luego lo nefasto tan tremebundo. De reflexión, uno como lector claro que denota la autenticidad de ese pasado. La urbe plasmada por medio de las explicaciones coherentes, representa los traumas soportados por aquella gente. El lujo de detalles, ofrece la gracia de saber que hay un estudio previo de reportería. Precisamente, la ciudad donde ellos moran, expectora toda esa contaminación, se explora la corrupción. Además allí, crece el pavor por todas partes, entre los seres errabundos de aquella ciudad. Todo pestilente corre el ambiente a lo persistente, desnudando nuestra ociosidad desbocada. De súbito, pues esta pesadez nos asienta en tierra. Por tales causas, crece la significación de esta obra literaria, toma un sentido transformista para lo presencial, porque va desarrollándose seriamente frente a lo infrarealista.

Aparte, vislumbro sobre lo juicioso, el trabajo de campo realizado por el escritor, César Pérez. La potencia con que fragua ese submundo, nuestra propia ruindad; me deja trascendido. Se preocupa él por mostrar ese contexto situacional. Va hasta allá para notarlo con tal luego de irlo ideando a extensión en lo creacional. A trasfondo, su contacto con el espacio está desde luego prefijado en la obra literaria. La voz narradora se mantiene en aquella atmósfera indignante. Uno de a poco se ubica en el sector; *El Cartucho,* ve esa miseria, donde se distingue la indigencia hasta lo más terruño. A lo precipitoso, son descorridas las nieblas del ser extraviado. En su defecto, aparecen las tantas epidemias de nuestra muchedumbre. Entre lo otro confidente, son descritas las rutinas de las amantes con los malandros. Susurran las tiradas sexuales entre esos infieles alucinantes. Por obviedad el sentido de familia se difumina, puede más el gusto libertino que el control pasional. Con detenimiento, examinemos esta lectura como prueba:

Meció sus fibras más sensibles en la fogosa madurez que ella le ofrecía y se dejó hundir en sus profundidades hambrientas. En la locura ella sugirió nuevas experiencias solicitadas en jadeos sudorosos, y él le respondió con los jugos de su cuerpo generoso y se abandonó a los goces que María abrazó, como un bálsamo que descubría al fin, cuando pensaba que ya su vida se fugaba sin permitirle sorber el verdadero placer de un cuerpo frenético que le destrozara en aleteos descontrolados. (1996, p.31)

De este modo, se aprecia allí la sensualidad entre los amantes, además de todo, crece la fuerza de credibilidad frente a los desenlaces. La concordancia de las ocasiones, genera hechos eficaces para cada una de esas tramas que se completó. Esto por razón, más me asegura el comentario declarado por varios poetas y cuentistas del

Tolima, el cual es que el literato tuvo cercanía con los actores implicados. De manera permanente estuvo en charla con ellos. Evidentemente uno percibe la rigidez en lo testimonial y literal. De hecho, para suscitar lo que pudo poetizar, yo deduzco implícita la entrevista, transitando por los párrafos de cada uno de los escritos. Su poética la despliega, conjugándola con el lenguaje natural, arraigado para aquellos personajes, vivos de carne y hueso. Le impone el escritor tonalidad a lo que apuntala. De emanación, cobra fuerza esa concreción suya tanto artística como periodística. En fusión ascendente, cierto aparece el ingenio con que cuenta los acontecimientos, generan sugestión al lector por lo ásperos. Más sobre el corrido de los diálogos, uno deduce la concordancia testimonial con la historia, que hace parte del trabajo investigativo. A modo de ejemplo, aparezco la voz de Fabrizo Ovelar, un vago quien expresa sus mortificaciones y después siguen los comentarios de la muchacha, sugiriendo la psicología particular de ella. Se ve así a un hombre exasperado, yendo a tumbos por lo expiatorio y mientras tanto su novia, se sobrentiende jugando a ser cómplice con lo cual ambos intrigan. Por lo cual a ruido, sale a relucir este encuentro:

Ella se paró de la cama, tomó un cigarrillo que había permanecido olvidado sobre la mesa de noche, lo prendió en la veladora y comenzó a pasearse por la alcoba. Meditó, se rascó una pierna, pasó la mano sobre sus cabellos, se mordió el labio inferior, y por último se plantó frente a él.
-Bueno, estoy de acuerdo, pero, ¿Cómo diablos va a hacerlo?
-Usted sabe que en este medio se aprende de todo. Lo más fácil será entrar a la casa. -Sí, y después de estar allí dónde va a buscar un montón de billetes. No esperará que lo haya dejado en mitad de la casa.
-No, pero yo sé el lugar, mi querida cómplice - Dijo él, recuperando por momentos su disposición habitual-. (1996, p.63)

Aquí entonces, tras la lectura, queda expuesta la comprobación del tejemaneje, realizado entre Fabrizio y su esposa. Sale a sobresalir la trampa fraguada de ellos, que es de perfidia. El escritor busca en consecuencia, las tendencias del ser íntimo en lo mental y pasional. Se preocupa él por estudiar las diferentes conciencias humanas. Para otro caso, la desidia de Marcelo Cabral, repercute cuando renuncia a la moza que tenía su padre cuando vivía y asimismo se intuye la indiferencia de él por ese destino suyo, tan ido en perdición como hacia lo frívolo. Eso con sinceridad, claro que uno lo estima a lo largo de los relatos.

Dicha pesquisa, me acerca entonces a Albert Chillón. En alusiones suyas, vale unir lo siguiente:

> *La literalidad de una obra ya no depende sólo de la intención con que fue producida ni de sus características intrínsecas, sino de la manera como es valorada, interpretada y recordada para cada público concreto.* (1999, p.61)

Por este motivo, los relatos que estoy examinando son tan notables. En lo grave, fustigan al joven o al viejo y también a la mujer que decida leerlos. Las anécdotas son desde luego transgresoras, suscitan a la flagrancia del ser humano, nos quitan la venda de los ojos. Quizá por su severidad, han tenido cierta repercusión en nuestra región y nuestro país. Sé que estas creaciones literarias de César Pérez, son sobrecogedoras. Por su propicio flamear llaman la atención. Los cuadros que allí se muestran encaran a esta civilización sin nada de velos, realmente hecha de ruinas a costa de fragores horribles. Bajo la polución, deambulan las sombras entre los escombros, yendo borrachos hacia lo errabundo. El sentido de saberse vivos o muertos, aquí sólo se supera; la misma angustia evade esas abstracciones, los instantes vibran entre el vértigo. Desigual, no cesa el disturbio, para lo peor crece como una pandemia. Es por estas anomalías, que abundan entonces los pobres junto a los harapientos. Dispares, ellos se sienten molestos y bravos. Lo real aquí es encarnador sobre nuestra intimidad. Así que por lo nuestro lamentable, el César Pérez escritor, se lanzó al heroísmo de estar en el hueco; *El Cartucho*, para luego ponerse a recrearlo con toda madurez.

Sobre lo demás, por la narración que fue regada en el papel, sé que hay periodismo y literatura. Ciertamente el hilar crónico tiene repercusión sobre la cotidianidad. Pocas cosas quedan extrañadas. Avizoro a dimensión una movilidad aprensiva en lo situacional. Los seres dialogadores usan su propia jerga. Entre ellos manejan varias mañas. Resulta de tal proceso para el relator, un concebir grande desde lo indagatorio hacia el relativismo. Por momentos se fusiona la realidad con aquel cúmulo de abstracciones mentales. Ello, porque el proceso creativo tiende a ser equilibrista. La intencionalidad manifestante procura honestidad. Percibo al literato que se aleja de los estereotipos, logra con esfuerzo la propiedad escritural. A lo llano, no pone tanta petulancia y sí pone mucha calidad de hechos. El modo como arremete con su castellano es punzante. Eso lo distingo en su constancia lingüística. Llega él a ser desvelador en lo expresivo. Según como ascienden los testimonios, uno identifica a este hombre parado en su vocación como detective y erudito. Del ser consciente trabajó por fidelidad a sus juramentos. Todo lo que concertó literalmente es en general factible con su historia personal. De hecho, se ve que César Pérez estuvo compartiendo con ellos, los desfavorecidos, una parte de su edad adulta. Por esto y por más, salió lo cabal que tenía que nacer, una obra de arte, auténtica para las letras nacionales. Su trabajo en lo substancial, toma como piso el reportaje y con bizarría lo trasmuta para hacer de este algo más grande, un relato moderno.

Aparte como lo ha mencionado, Luz Aurora Pimentel:

Un relato es la construcción de un mundo y, específicamente, un mundo de acción humana. En tanto que acción humana, el relato nos presenta, necesariamente, una dimensión temporal y de significación que le es inherente. Por ello, hemos de considerar ese mundo de acción no simplemente como un hacer exterior o aislado, o como ocurrencia singular, sino como parte de un entramado significante de acción que incluye procesos interiores, sentimientos, pensamientos, estados de ánimo; incluyendo por ende, las fases intelectuales de la acción, tales como la planeación, la previsión, el propósito, pero indisolublemente ligadas a la acción efectiva. (1998, p.17)

Por lo cual, bien en ordenación, la esencialidad del relato, cohabita en el inventario de César Pérez. Su potencialidad marca la repercusión espacial. El bagaje se le trasparenta en naturalidad con su creación literaria. Porque claro, su universo artístico abarca lo intensivo, la dolencia humana. Mediante lo retórico, señala los matices de nuestra fealdad, nos inquiere sin timidez ni resacas de miedo, nos llama el escritor a la reflexión moral. Eso a punta de experiencia, consigue gritar lo perdidos que estamos; esto tan imperfecto, nos los insinúa con las descripciones que hace de nuestro mismo purgatorio. De similitud, cabe otra vez la lucidez de Albert Chillón, quien con exactitud diserta:

> *El lenguaje es, como en la célebre parábola con que Kant da inicio a su Crítica de la razón pura, el aire que el pájaro del pensamiento precisa para elevarse por encima de la mera percepción sensorial de lo mediático; el pájaro topa con la resistencia del aire, pero es esta, justamente, la que le permite volar. Pensar, comprender, comunicar quiere decir inevitablemente abstraer y categorizar lingüísticamente; transubstanciar en palabras y enunciados las percepciones provenientes de la realidad externa y las sensaciones y emociones procedentes de la realidad interna, y en seguida articular esos sonidos significantes en enunciados más complejos.* (1999, p.25)

En tanto, la inmediata recordación, engloba ciertamente la intencionalidad de este libro, hecho con lo evidente, sacado del crepúsculo, que existió por los lados del barrio Santa fe y que ahora encharca al Bronx. Debido a esa realidad nefasta, más de uno se impulsa a hacer algo para ayudar a notarlo y retratarlo. Seguidamente, la necesidad de describir viene de conocer las mismas afueras, para el literato. A tal causa, surge la voluntad por querer escribir esa vida ajena. De hecho, presenciar una ciudad devastada, nos llama a que levantemos la voz, que ya es tiempo para proyectar nuevos ideales y reactuar las filantropías. Durante esta época estamos de compromiso por gestar renacimientos holísticos. Y a lo cierto en lo personal, hallo el momento por reconsiderar los pensamientos del hombre frente a lo universal. Toca irnos preocupando por una humanidad sabiamente más letrada. A nosotros juntos, nos compete auscultar las nuevas obras culturales. Aunque claro, los escritos motivados para el pueblo, se han ido engendrando a mediano plazo con tal de reponer nuestros albures. Estas gestiones por supuesto, que han servido para quienes nos esforzamos por la progresión intelectual. De lo profundo, desde lo sensitivo, van saliendo entonces unas ilusiones de reflejos, que nos despiertan la conciencia frente a lo humano como a lo político.

Así de acuerdo con reflexión, preciso que César Pérez trabaja el relato moderno, porque llega al hombre hasta la profundidad de su sensibilidad intrínseca y porque toca sus crisis mentales, frente a una sociedad corrompida, necesitada de valores libertarios. En verdad, su expresividad incluye los sentidos de los protagonistas, por lo cual va siendo impactante con su manejo del lenguaje, que consigue producir sugestiones de madurez. De golpe, la obra en su totalidad, refunda la invención del relato y para lo superlativo, impresiona al lector quien decide estudiarla con seriedad.

De consecuente apoyo, pongo a Olga Fernández quien menciona:

> *En el relato moderno, éste se desgaja de su temporalidad; es un elemento maleable que se condensa, se estira, se yuxtapone. Tal tratamiento subjetivo del tiempo es un recurso que se utiliza para revelar el mundo interior de los personajes, cuya acción se desarrolla en un ámbito delimitado por líneas que se*

entrecruzan como coordenada que enmarcan la acción. (2002, p.95)

Acorde con este concepto, los relatos de César Pérez están cuidadosamente elaborados, pues los hechos concurren desde el mundo espacial de los personajes, quienes despiertan sus memorias a causa del presente que sobrellevan con tanto padecimiento. De tal modo, el escritor se preocupa en esta obra por el ser humano, queriendo acogerlo desde sus crisis pasionales y hasta expiatorias.

Por esto tan ético, toca hacer periodismo literario. Es a pertenencia, necesario para quienes nos interesamos por salvar la cultura, los productores de letras. A surgimiento, si lo estudiamos, vamos a inferir realmente nuestro deber ser útiles como narradores hacia los lectores. Desde aquí, pues se aprende a repensar la alteridad. A medida que profundizamos este estudio creativo, nos acercamos con ahínco a quien necesita ser escuchado. Más vamos reformando nuestro discurso frente al quehacer actitudinal y mental. Nuestras aspiraciones en los casos más serios, profieren ya un rumbo distinto, las encaminamos hacia un reaccionar más solidario. De a poco optamos por ser responsables con los deberes que nos corresponde realizar en lo personal y colectivo. Al otro respecto, prosperamos como seres dialógicos en el intelecto social. Aunque obvio esto pasa, si en nosotros existe la dedicación, si nos esforzamos en vida por fomentar la dignidad a punta de reportajes. Por lo tanto, quienes se especializan en este saber del periodismo, consiguen ser escritores de verdad, siempre que luchen por ser unos bienhechores. Esto tan hermoso lo creo como el mejor derrotero para los hombres y mujeres de letras, porque el periodismo es saber escribir crónicas a riesgo, ser iluministas, porque el periodismo es escudriñar con pruebas las aseveraciones.

De mayor aporte, tal como enuncia, Carlos Marín:

El reportero es el sujeto clave del mejor periodismo. Busca noticias, hace entrevistas, realiza reportajes. Vive con interés constante y sonante en lo que sea que entrañe atención pública; está enterado de los principales acontecimientos y tiene frecuente contacto con los protagonistas y proveedores de información. El reportero es un cazador en permanente estado de alerta. (2003, p.23)

Debido a estos postulados expuestos, para poder generar relatos de vida, toca ser unos periodistas consagrados.

En consecuencia, por todo lo sincerado, lo creacional de César Pérez es periodístico y apocalíptico, porque espeja lo catastrófico de Bogotá. Demuestra con hechos esos sumideros escabrosos donde subsiste la drogadicción. Pone a ver como la contaminación abunda entre las callejas y allá mismo se decae en la rendición. Los noctámbulos andan agobiados, yendo con sus rostros pálidos. Hay entonces descontrol social en esa ciudad capital, pocos seres retienen sus impulsos, explota la rabia, su gente corre con ganas de venganza. Más esto tan irrespirable, se comprueba por sí solo cuando vamos a las ollas donde hay sola ruindad. Así aún existe allá el desconsuelo, pervive lo delirante. Tal situación comunal flagela en el fondo a su gente. Por lo cual, uno percibe la crisis de esos días similares a estos actuales. En lo abismal, los ciudadanos pobres se cogen de las mechas y se estresan, luego fraguan sus perfidias, porque puja más lo desequilibrado que lo liberador. Quizá por eso áspero, resuelvo como sugestivos los relatos de César Pérez. Ellos tratan el horror, porque la crueldad llega a ser hasta explícita. Esa manera como se dan las trastadas; genera una impresión que golpea, por lo serio elaboradas y depuradas en la poética del literato. De hecho en el fragmento que voy a colocar a continuación, podemos leer y asimismo interpretar, lo que les mento. Dice lo textual:

Entre varios logran sujetarlo por todos lados, hasta reducirlo. El muchacho siente con miedo impotente que alguien le ata las manos a la espalda y sus ojos no dan crédito cuando otro aplasta su nariz con el pulgar y el índice y lo obliga a abrir la boca en solicitud de resuello. Entonces, ese hombre aprovecha para llenársela con trapos que tienen un sabor amargo de procedencia callejera con pegotes de lodo. Cuando le sueltan la nariz; ya una apretada mordaza es amarrada por detrás de su cabeza y entonces comprende que lo acaban de aderezar como a un chancho al que van a sacrificar. Un nuevo empellón desde atrás lo hace volar como si un toro hubiera arremetido su espalda. (1996, p.33)

Así en tanto lo pesado, tal recuadro nos abre una perspectiva frente a esa hostilidad, que acaece en ciudad de Bogotá, por los lados donde hay chatarrerías con desafuero humano. Retumba es por allá la gritería entre la demencia. Por tal disonancia, corresponde sugerir como estas acciones acaban dándose también en las barriadas de Ibagué; por las comunas bajas de Medellín en Antioquia y hasta en los tugurios de Cali, Valle del Cauca. Al caso, uno deduce que nuestra Colombia, padece una grave recesión social. Obvio, aquí haciendo la reflexión desde nuestro pueblo colombiano, porque en las urbes mundiales también hay problemas, propios de sus pobladores. De modo que en esta patria, la mayoría de ciudadanos se aprecian con infelicidad. En general como seres humanos estamos estancados. Las cosas transcurren a medias entre la ineptitud. Abunda es el pillaje con el descarrío, nosotros como seres indiferentes hacemos es poco para repararlo. En un marcado criterio, lo conjurado entonces por el viejo César, nos llama a recapacitar en lo aciago y lo ilusorio, para que lo superemos, más vayamos recobrando la honradez y nuestro deber ser genuino frente a lo universal.

Entre tanto, sobre el aspecto axiomático, situaré como apoyo el siguiente concepto de David Randall para desenvolver a énfasis, lo otro importante que subyace en este libro. El experto en noticias con formalidad, puntualiza:

Para ser reporteros, usar el ingenio y el encanto personales forma parte de la diversión de informar. En ocasiones, esto requiere forzar la suerte pidiendo el número telefónico de una fuente potencial o quizá marcarse un farol para acceder a un lugar donde no tenemos permiso para estar reglamentariamente. (1999, p.9)

Acorde con lo planteado, reconozco las varias recordaciones del narrador César Pérez, despiertas sobre lo terrenal. Las imágenes que forja por medio de su propia grafía, con su abnegación, son tremendas. A pura arremetida, relampaguea a esos hombres quienes van trastabillando por entre lo vagabundo. Los ausculta a muchos de ellos, para a la vez exteriorizar sus remordimientos. Acoge esas perdiciones suyas, atiende los trances que ellos han padecido, saca de estos enviciados, lo sufrible de sus veteranías. Por tal estudio del ser en agobio, sobresalen estos escritos del claustro oscuro como rugientes.

Nomás a la vuelta de la esquina, uno ve amantes y bebedores en las tabernas, prendidos entre el alcohol, dándose chupos de bocas. Por ahí también aparecen unos niños pidiendo limosna. Casi nadie les pone cuidado, igual sigue el bullicio de la música en Tropical. La gente anda es en su tomata a la vez que se oye por allá a lo lejos un escándalo todo grotesco. Es el escarnio público contra un joven, que es sonado entre las trompadas y rechifladas. Lo agarran en gallada, lo revientan por dárselas de romántico. Esto así, va confluyendo en Santa Inés y por la manzana donde abunda la marihuana. El olor a pisquero se cuela hasta en las cloacas, allá está solamente la reciedumbre, igual como el escritor narra:

> *De las cantinas salía el aliento de los bohemios, la voz moribunda de los músicos mendigando un trago, una que otra ramera de local en local con paso fugaz, sin olvidar la solícita imposición de su oficio.* (Pérez, 1996, p.65)

Y a propósito, la mayoría de estos pendencieros, se hallan bajo sus techos agrietados, entre ventanas rotas y restos de cartones, ellos por ahí la pasan mal. Escasamente una moza de olor a siemprevivas, va paseando por los andenes multitudinarios, sola hasta cuando ella llega y entra al Cementerio Central, para encontrarse con Marcelo Cabral. Parejo el narrador del relato, *Un Intenso Olor A Siempre Vivas*, escribe:

> *Permanecieron en silencio unos instantes, mirándose a los ojos, y al fin, cuando la situación se hacía insoportable para el hombre, ella sonrió con donosura, mostrando unos dientes uniformes.* (1996, p.88)

Después como una dama de la prostitución, saluda esta moza al hombre con seducción y ambos hablan atentos, respecto a sus aventuras, todo hasta cuando ella se esfuma de repente, yéndose sola con sus secretos.

Tras el efecto, cada una de las escenas reconstruidas las reconozco como afines a lo genealógico. Estas recurren a un tiempo cercano nuestro, que está ligado con la actualidad. La arquitectura viene a ser en edificios de concreto, ellos como un poco de cuchitriles. Veo igual la invención de una comunidad, toda en su conjunto, la cual nos resucita al colombiano popular. Sin duda, porque el dialecto de las personas es inherente al contexto, aparte de que las cosas están ajustadas a lo temporal. En evidencia, se mantiene la cotidianidad de los habitantes, quienes tienen sus adicciones. Es al caso; su narratología una recreación viva de la realidad, por haber dichas congruencias temporales. Seriamente la ambientación y los dramas, son propios a esos hombres y mujeres en vida. Es único lo que allí pasa. Aparte ese submundo, se halla en los barrios más deslucidos de Bogotá y está adecuadamente circunscrito en la obra de César Pérez.

Por otra parte, será notorio discurrir en torno a la condición humana. El escritor, por cierto se presiente influenciado por la novelística del maestro ruso, Fiódor Dostoyevski. Si vamos al relato; *La Suerte de Ovelar*, encontramos enseguida asociaciones con la escritura de Fiódor Dostoyevski. En generalidad el personaje, quiere salirse de sus problemas, tramado unas argucias ingeniosas y por eso luego recae en castigos suyos. Ambos escritores ponen entonces los desequilibrios del ser humano en la literatura. Con esfuerzo, representan la psicología del ser individual con sus crisis existenciales. Y eso evidentemente, se ve en la novela, *El Jugador*, donde Alexei Ivanovich llega a su propia derrota, por la afición a los casinos. Y por estos estudios literarios, César Pérez propone también el existencialismo como una fuerza ineludible. Lo asegura como un desenvolvimiento natural. Por ser un veterano, sugiere como las acciones repercuten en uno como hombre o mujer influyente. Atestigua con Fabrizio, que si su mente proyecta el mal el ser sapiente terminará devastado. Además nos simboliza de que así queramos salvar a ciertas personas, no podemos a veces evitar su muerte. En ocasiones, puede más el avatar contra nuestros ímpetus humanos. La vileza de Ovelar, por lo cual inquiere en nuestras manías. Desde lo vergonzoso, uno advierte cuán tremebundo es ser señalados por la culpabilidad. Eso es como caer en humillación. Uno al saberlo de ese modo abatidor lo recibe en la lectura del relato; *La Suerte de Ovelar*. Ya para la muestra, aquí pongo un pedazo de tal incidencia:

No quería perder tiempo. El trabajo se extendió algunos minutos más de lo calculado, pero la cerradura al fin cedió. Tiró de la argolla y tomando la linterna iluminó el interior del cajón. En el fondo reposaban dos paquetes de papel manila diestramente atados con pita. Tomó uno y, colocando sobre el escritorio, reventó los nudos; en un impulso salvaje que lo hizo avergonzarse de su ansiedad, desgarró el papel. Algunos fajos saltaron y un alarido de júbilo se le enredó en los dientes. Sin más pensarlo, buscó los de mayor denominación y, haciendo un cálculo somero, metió en los bolsillos del saco y del pantalón los fajos seleccionados hasta llegar al tope de lo que suponía necesitaba. Tiró al interior del cajón los fajos restantes y volvió a cerrarlo con tal minuciosidad, que todo indicaba que nadie había pasado por allí. Enfocó el recorrido que lo separaba del vano hacia el vestíbulo, la aprendió de memoria, y apagó la linterna. Quería utilizar su luz lo menos posible. Llegaba al vano en el colmo de la angustia, y en ese instante el lugar se llenó de luz. El paso se le quedó en la mitad y el miedo se le dobló. (1996, p.69)

Al tanto situacional, la conmoción del ser pillado en robo es tenaz. Este señor, pasa de lo peor a lo condenado.

De repente queda trastornado. No tiene salida ya ni para su individualidad. Sus tormentos en vez de menguarse, se agrandan de forma perjudicial. La cabeza le da vueltas; se cree frustrado al intento por querer ayudar a su hija, se siente como atosigado, sin aire. Los nervios suyos se destiemplan. Su ser pronto se descuelga en depresión y sufre en lo emocional, mientras el mundo se le viene encima. Para el desenlace, queda manchada su reputación junto con la de su novia, Daniela, su cómplice.

Ya sobre otra arremetida, voy poniendo la videncia en los bares citadinos de Bogotá. Por esos lados, los viejos amigos beben whisky, le pegan al cigarrillo a medida que sueltan lengua sobre sus ocurrencias de la vida. Entre canturreos, chispan las risotadas hasta satisfacerse ellos con sus recordaciones. Según lo más crepuscular, Pablo Carrión por lo alcoholizado, elige confesar los negocios de drogas que tuvo con cierto cartel de Medellín. Ante esto fragoso, las nociones cambian sobremanera entre los oyentes; Lucía y el amigo suyo, tomas unas actitudes algo distintas. Aquí a propósito, relaciono el inmediato anexo:

Al llegar a este punto, Pablo levanta la cabeza que había empotrado en los hombros. Sus ojos ya no trasmiten nada, han muerto en su cara de arcilla, y sólo sus labios tiemblan, aunque lívidos también, pronunciando palabras de delirio, pero en las que consigo descifrar algunas que se refieren a su conocimiento del plástico y sus propiedades; a su huida después del golpe y a su desconocimiento de quienes viajaban en ese avión. Mi borrachera cambia de sentido. Lo veo irreal cuando se pone de pie hamacándose como si estuviera en un tren. No termina de decir delirios y se encamina hacia la salida, pero esta vez no me vuelvo a mirarlo; sólo escucho el susurro incongruente de sus equivocaciones, y unos pasos incorrectos que abandonan el bar. (1996, p.134)

Una vez entonces, inferidas estas exaltaciones, nos damos cuenta como estamos de atribulados por nuestras propias insanias. El mismo prosista lo resalta en su trabajo literario y periodístico. Abre él eso mundano y cuenta como subsiste la iniquidad. Por allí, corretea la misma esquizofrenia con sordidez. De agujero, sigue lloviendo sobre la calle miseria y a destanto su gente va yendo desolada.

Ante esta realidad de estupefacción, hay claro con hechos, que ponerle empeño al periodismo literario. Los quienes pretendemos ser caballeros en pluma, enhorabuena si nos sentamos a repasar la teorización del relato realista y el relato moderno. Por compromiso, me parece de sumo quehacer, incitar tales lecturas, para que con el tiempo, por medio de los análisis y las exploraciones, uno llegue a comunicar lo suyo con gradación, para el bien de la sociedad. El arrojar metaforías a la hoja, por convicción, por lo sagaces, fijar huellas de afección, irá siendo lo positivo para quienes por lo menos en madurez, aspiramos incitar la armonía mancomunada. Más para lo inexpugnable, toca gestionar entonces en lo posible, producciones de nuestra cotidianidad a lo espejista. Acopio esto como urgente para imbuirnos en lo introspectivo y para solventar estas fallas que nosotros poseemos. Entre las cuales recrudecen en los tiempos actuales; la hambruna descomunal, todo eso decadente de la corrupción, las empresas de la muerte, todo eso lamentable del aborto, la perrería del porno explotador y otras tantas anomalías, que nos perjudican y que hemos de examinar a ver si fielmente vamos limpiando estas llagas sociales, que tanto nos laceran a los seres humanos. En tanto, hacer periodismo es lo presumible a realizar por el beneficio de todos. En la medida de los enrosques, pues va con seriedad esto dictado por Dolores Comas, María Teresa Barrot y demás colaboradoras:

En el cuento realista el autor se propone dar una idea cabal y verdadera del mundo que lo rodea en todos sus aspectos: material, moral, económico, político y religioso. Por ello, la realidad hombre en su esencia y existencia, y la descripción del medio en el que éste se desarrolla como individuo o como ser social, es la materia literaria de este tipo de relato. En el afán de testimoniar la realidad inmediata, las obras resultan a menudo vastos cuadros sobre la vida, las creencias, el lenguaje y las tradiciones del hombre contemporáneo. En estos casos, la anécdota se diluye o es solamente un pretexto para la descripción de caracteres y de costumbres. Y el escritor realista trata de narrar los hechos con objetividad y para lograrlo se vale de la observación directa. (1980, p.18)

En tal sentido, lo allí anterior, me llama privadamente a gravitar sobre lo académico, respecto al cuento realista. Aquí según cavilo, llego a lo teórico, para pensar sobre la conformación de una obra realista. A lo sólido, las licenciadas, las cuales acabo de introducir, imparten las lisuras creativas sobre el horizonte de nuestras prácticas, más apuntan como estas combinaciones son figuradas por los artistas de las letras. Ellas con cualidad filosófica, hablan sobre el proceso creativo, lo disciernen a cabalidad en sus expresiones teóricas. Dan unos argumentos consistentes del acto literario, respecto a la elaboración del cuento realista. De tal modo que ellas resuelven por complemento, lo siguiente:

El cuento realista es, por lo tanto, una presentación seria y a veces trágica de la realidad. Generalmente el autor parte de la observación directa de su entorno y lo refleja en sus obras con verosimilitud. (1980, p.19)

Ahora bien, frente a estas concepciones, yo aporto que lo nuestro multitudinario como contextual, se ha estado contando por los escritores hace mucho tiempo y se seguirá contando a lo largo de los siglos, porque es natural y humano, aparte nos inserta en las tribus aborígenes, rescata las leyendas donde renace siempre eso que fuimos en el pasado. El ejercicio de trazar las aventuras a lápiz, adulta igualmente al ser hacia su emancipación, lo provoca para que rearme su destino, le sugiere problemáticas conscientes a su corporeidad y lo impulsa a ser un mejor hombre y una mejor mujer. De más revuelo, surreal la literatura lo transporta por diversas estancias habitables, donde pude ir y volver en el tiempo, ya cuando comienza a usar su facultad como leedor, por ser un individuo cognoscitivo.

En consecuencia, creo los relatos realistas como sobresalientes para el ser humano. A poder incitan a la introspección. De hecho; provienen de él y de su exterior, para irrumpir en la experiencia de un mundo y para darle determinante visualización a quienes lo habitan, todo con la intención de ayudar a reconocerlo y así después poder transformarlo, entre los mismos hombres y mujeres pertenecientes. Sin embargo, debo establecer que el libro de Cesar Pérez, *La Calle del Farol Dormido*, va más allá de lo meramente realista, su aura escritural ocupa unos misterios de arte, que resoplan hasta lo espirituoso, poniendo a irrumpir la realidad fantástica, la cual para muchos fluctúa en eternidad. De combinación, proliferan los reflejos materiales con sus candilazos. De tal forma que los paradigmas se rompen en algunos instantes, puramente hay para mí, prosa poética con efusión periodística, le impone él su desaforada vibración a los escritos. Sobre normalidad los enriquece con su inspiración, son a esfuerzo libres y por querencia, aquí pongo otro poco de su narración:

> *La intriga lo absorbió, llevándolo incluso a ignorar a Magnolia que, acostumbrada a los vaivenes de los hombres, optó por dejarlo que volara en sus pensamientos hasta que él mismo quisiera regresar a su lado en cuerpo y mente. Luego de un rato, cuando se hallaban en la escalera del edificio, él quiso ser amable y buscó la manera de complacerla.* (1996, p.108)

En tanto el escritor, genera las lisuras del arte; combina la austeridad con el erotismo, le pone dedicación a sus exploraciones, conflictos esboza de pasiones, desnuda la sensualidad de algunos de sus protagonistas. A más es original su creación literaria, porque abarca varios campos sugestivos, las enunciaciones invitan a que uno siga leyendo el libro hasta el final. De resultado, los cinco como tales escritos tienen su estética definida, provienen desde lo feo hasta llegar al entramado de lo bello y por derivación, hay múltiples versificaciones, porque tal como anotó, Paul Ricoeur:

> *El texto como un todo y como una totalidad singular, se puede comparar con un objeto que puede ser visto desde distintos lados, pero nunca a la vez desde todos los lados. Por lo tanto, la reconstrucción de la totalidad tiene un aspecto, de acuerdo con la perspectiva, similar a la reconstrucción del objeto percibido. En el acto de la lectura está implícito un tipo específico de unilateralidad. Esta unilateralidad cimienta el carácter conjetural de la interpretación.* (1995, p.89)

De seguido orden, uno aquí revela la invención que irradia el texto novísimo en los lectores, cuando estos se preocupan por descifrarlo, ya sea de manera uniforme o de un modo múltiple, diversificable y poético. Tras lo cual, cada sapiente va captando esas letrías como dibujos que avizora en su alma y sobre todo en la lectura, más las va conviniendo cuando ellas concretan lo externo con lo periodístico.

Por tales criterios, la obra de César Pérez, tiene exención en la complejidad del realismo. Lo suyo circunscribe los desafueros que posee esa ciudad bogotana, para aquellos tiempos, tan disturbada. Aparte de todo, se entrega él en cuerpo a contar lo que allá bullía en esos barrios, sabidos con sus vecindades, llenas de pendencieros. Así que hallándose con ellos, involucrándose en sus secretos, fue él haciendo periodismo literario, por supuesto del serio, para trasmitir a los ciudadanos toda esa austeridad, que abundaba hasta el hastío en Bogotá. A seguida relación, su expresividad es férvida, trepida en la rebeldía del ser inquietado por la misma sociedad. Ahonda con decisión en la histeria de ellos, aquellos adultos, quienes fueron dañándose por las mismas vulgaridades de la comunidad. Por lo cual en verdad, hay franqueza en las justificaciones que fueron puestas sobre el papel. Debido a estos silogismos, la condensación contextual es auténtica y a la vez compuesta. En especialidad, consigue aprobarse por su propia historicidad. Uno lee a lo largo de las intrigas, fragmentos de nuestro pasado colombiano y se aprecia en efecto la verificación presencial de los hechos, donde luego estos se enriquecen con la voz del relator. De hecho, tales aspectos pasan frecuentemente en las historias, allí donde uno aprecia lo sugerente, que en su magnitud, sugestiona una gran introspección de frente con el existir en el mundo. En tanto, ahora por sustentación, saco a relucir esto que argumenta, Albert Chillón:

Los cronistas y reporteros, deben servirse de procedimientos de indagación periodística para elaborar narraciones no ya meramente testimoniales, sino documentales: La veracidad aquí consiste en la representación esmerada y contrastada de los hechos observados o reconstruidos por el periodista. No establecemos esta distinción entre prosa testimonial y documental apelando a la nebulosa, falaz distinción entre subjetividad y objetividad, dado que toda narración es irremediablemente subjetiva. (1999, p.115)

Aquí entonces en reflexión, el autor Albert Chillón, muestra y explica en su concepto, las exploraciones que tramitó el escritor durante su labor investigativa, las cuales luego dejó narradas a temeridad en su libro de relatos, todo de melancolía y faroles dormidos. De hecho el escritor César Pérez, nos refirió los años ochenta en su creación literaria, mediante su desenvoltura histórica y siendo un inspirador y provocador, César Pérez documentó algunos fenómenos especiales de aquella época en Colombia, tales como el problema de las drogas y el terrorismo, junto a la indigencia bogotana.

Siendo así lo preparado y lo maduro, ahora acompaño estos postulados con la elucidación de Ryszard Kapuściński:

> *Como periodistas, la tensión entre lo local y lo global nos toca particularmente. Para aquellos que trabajan en el centro del mundo, todo lo que allí sucede tiene automáticamente valor central por sí mismo. Pero para los que trabajamos en la gran periferia es muy importante entender que debemos buscar lo universal en cualquier tema, aquello que*

revela el mundo entero en una gota de agua. Porque una gota de agua contiene al mundo, pero hay que saber encontrar al mundo en una gota de agua. (2003, p.66)

En tanto lo presente, frente a esta luz de Ryszard Kapuściński, considero que sus ideales de maestría, generan una orientación nueva al periodismo especializado. De hecho el maestro, lleva a la realidad sus ideales del periodismo y en profundidad existencial, nos hace tener en cuenta nuestra localidad, pues desde allí en la vivencia, pueden emerger las preponderancias de la creación periodística. Lo anterior, da entonces los designios que debemos preparar sobre el ejercicio recopilatorio y creativo, el cual se recomienda, parta de valores universales. Nos ofrece además como podemos visionarlo con satisfacción. Desde las cosas personales, podemos llegar también a reflexiones de gran trascendencia. Por tal resolución, nos corresponde afianzar lo periodístico con lo literario para que en verdad ocasionemos reparaciones más reales, para el bien de la humanidad.

SEGUNDA PARTE
CUENTO SOCIAL
EUTIQUIO LEAL
BOMBA DE TIEMPO

En lucidez de arte, sobre este nuevo lienzo, voy a evocar al artista, poeta y cuentista de Chaparral, Eutiquio Leal. Es para mi percepción, uno de los mejores escritores colombianos. Sinceramente, creo saberlo también valioso para el periodismo rojo. Su misma juventud y edad adulta, nos matiza a un hombre heterogéneo, lleno de experiencias vívidas. Así que llamo aquí a un ser valeroso, quien surgió entre la austeridad. Fue él desde un insurgente como profesor hasta resultar siendo un narrador. Por su recorrido en el mundo, supo de cualquier sin número de adversidades, que a impacto evidenció, superó en madurez y las cuales nos compartió a través de su arte, la prosa irreverente.

Por la tanta intrepidez, su libro de cuentos, *Bomba de Tiempo*, tiende a ser serio, férvido y artístico. A llaneza, pone luces en lo ruinoso de nuestro país. En su totalidad, el libro está compuesto por tres manuscritos; los cuales constituyen una multiplicidad de apreciaciones sobre la mortalidad del cuerpo, la realidad del ser humano, la guerra entre los ejércitos y el quehacer periodístico. Tales nociones son de facción sugestivas para quienes leemos a Eutiquio Leal, fuertemente incitan a que nos preocupemos sobre el fuero mental. Ello, porque repercute a desnudez la imperfección bestial del hombre. De congruencia, hay unas impresiones comunes, sentidas a lo largo de esas historias, que trastornan al lector. A incremento, tocan nuestros cismas cardinales. Uno en lo subjetivo, obvio distingue las reminiscencias así como las diferencias sociales. Por lo tanto en efecto, se van descubriendo poco a poco los hilares que conforman todo el libro de cuentos.

En primera instancia, aparece la proeza del título, *Alguna Vez El Viento*. Se sospecha a rapidez lo susurrante del cuento. Esa fusión de palabras enajena de manera instantánea al ser perceptivo. Dan ganas de hacer la lectura hasta el final. De para abajo lo escritural, se encamina y moviliza con sentido coloquial. En la trama de la historia, va desenlazándose la intriga sobre un hombre, quien vive cargado de rabias. Como protagonista se halla exasperado, tiene problemas inevitables, frente a lo existencial. Su boca hasta expulsa babas cuando habla. En su momento, se sabe solo, botando un monólogo suyo, alistándose para actuar con fechoría. Es por cierto él un detective encubierto del gobierno. Debido a su posición, tiene preparado un complot de maldad. Debe traicionar a unos líderes sindicalistas, quienes están activando huelgas de justicia por los campesinos. Entonces el individuo, se pone sus botas de charol y prepara su revólver, dispuesto a fraguar el presumible ataque.

Pero de pronto, una furia supura por los montes hasta colarse en la trocha del pueblo, igual como lo expone el cuentista:

Hubo un atolladero que él no se imaginó siquiera y que por eso no pudo prever. Fue la llegada de esa ventolina de las cinco de la tarde, ese aire recio lanzado a bocanadas por entre los cerros y que soplaba hasta los arrozales del plan. Eso que al final fue un chiflón de verano seco, sin amagos de lluvia ni de tormenta. En las dos ocasiones anteriores todavía no se alcanzaba a sentir el ventarrón, y sólo durante esta última se dejó ver en la agitación de las cortinas y la araña colgante

así como en el estremecimiento de los cuadros
y los papeles. (1974, p.12)

En tanto por este rumbo, lo relatado coge vitalidad. Aparece la dimensión bien armada en la historia, crece además la intriga por saber qué va a suceder en el futuro. El narrador testigo, va sugiriendo reveses tácitamente inesperados, los apunta con precaución. Y eso previsto, por derivación, genera sugestión en uno como persona leyente.

De continuación, se emparentan los vestigios personales en la vida del detective. Entre renglones, uno descubre de que tiene una novia y a su señora madre. Las piensa a ambas con ansiedad. A credibilidad, presume volverlas a ver más adelante en otro tiempo. De seguimiento, uno percata su forma de ser grosera como arrogante. Persiste a semblanza, su orgullo exacerbado hasta saberse con piedra. Su sombra se refleja decaída, poco le importan esos individuos terceros, quienes corren en protesta por las calles polvorientas de aquel pueblo. Tales acotaciones, pues son coherentes, le afianzan solidez a cada una de las cosas allí contadas. Así arduo, yo consiento el estudio preconcebido del escritor como juicioso. Aparte aparece un juego de voces entre el narrador y el fratricida, ello tiende a ser arriesgado y a la vez sugerente en el cuento. Puede suponer tergiversaciones de inferencia, vale la pena advertirlo, no obstante el escrito en cuestión consigue ser comprensible en lo metafórico, fuera de que esa combinación verbal le aporta complementos al conflicto envolvente.

Entre las otras pesquisas, florean las enunciaciones regionales. Estas delimitan un espacio en lo histórico. Suena una patria como de años sesentas. Son descritas mujeres elegantes de revistas con relación a esa época, la imagen del sagrado corazón, brilla en los hogares. Lo popular repercute durante los lapsos recreados. Debido a estas minucias, uno conviene en que hay un trabajo literario, bien procesado. Transcurren los hechos como sólo pasan por esos adecuados instantes. Casi todo avanza a vértigo entre lo vertiginoso en aquel ambiente de costumbres antiguas. Relativamente, va aumentando en auge la turba, se percibe el olor a muerte. Los segundos son palpitantes a cada pretensión realizada. De a poco, uno se va convenciendo, uno va creyéndose el cuento. Más para concebirlo, vale resaltar esta concepción que formula Horacio Quiroga:

No pienses en tus amigos al escribir, ni en la impresión que hará tu historia. Cuenta como si tu relato no tuviera interés más que para el pequeño ambiente de tus personajes, de los que pudiste haber sido uno. No de otro modo se obtiene la vida del cuento. (1989, p.11)

De relación entonces con lo inmediato, reluce esta esencia creativa en la obra, *Alguna Vez El Viento*. Positivamente su forma pervive en la creación abstracta. Uno se va metiendo de lleno en esa dimensión. Los colores se imaginan sobre el movimiento mental. Aparte, presentí el perfil de los personajes espontáneo. Ellos son propios con las discrepancias, cada quien posee sus creencias y tendencias, procuran aspiraciones que son distintas y hasta las defienden con el pecho y el corazón. Esto por ímpetu, genera choques entre enemistades de quienes habitan en aquel pueblo. Hay así un conflicto en mutable convulsión. El suspenso gira entre la conciencia del ser antagónico y las personas a quienes piensa asesinar. Vibran a la vez unas presiones ásperas entre los protagonistas. De manera rotunda, brotan los intereses impíos del hombre traidor, por mantenerse en el poder.

Eso terrible, por intención del hombre protagonista, forma el nudo que da validez a la anécdota del cuento.

Sobre lo paralelamente consciente, uno comienza a tener la lucidez del contexto social. Arrumban allí los tiempos de la violencia y la guerra bipartidista en Colombia. La lucha armada tiende a ser permanente en las regiones campestres. Por un lado los chulavitas batallan contra los bandoleros y por la otra esquina el pueblo protesta contra los gobernantes, la multitud corre con rabia en los barrios y las plazas, frente a la injusticia social. Entre las trochas se halla el caos descomunal. Uno así lo devela, desde la perspectiva del agente, quien observa por el ventanal de su casa a ese gentío, quien además por ser un hombre peligroso, resulta siendo descubierto y en consecuencia, termina siendo atacado, debido a sus conspiraciones. En tanto lo justo, cabe aseverar que lo allí expuesto, tiene visos periodísticos. Aparece propuesto un espacio, el cual fue real para Colombia. En este fragmento lo podemos examinar:

Era innegable que ella no hacía más que ojear periódicos de cabo a rabo, pero sin hacer un solo contacto con el florecimiento económico ni con la fronda política de su hijo. Por eso él no le paraba bolas a su cháchara sobre los combates de las guerrillas y las derrotas del gobierno, con que ella endulzaba su pan de cada día mientras fumaba colillas y remendaba las medias y los pañuelos de su hijo solitario. Ella alcanzó a juzgar que él la llevaba perdida y que los huelguistas la tenían ganada, pero no se atrevía a decírselo frente a frente. (1974, p.20)

Aquí a seriedad, pues está relacionada la beligerancia entre las guerrillas y el ejército de aquellos años sesenta. Por medio de la señora madre, se conoce la crisis política del país. Según como confronta los diarios, ella va entreverando el trasfondo socialista. Salen por este sentido, las evidencias sobre lo presencial de la historia. De resolución, convengo estos aspectos de corte indagatorio, por si mismos, tienen consistencia sobre lo diciente, ya que se cree en el estudio minucioso del caso. A lo largo del texto, consiguen encontrarse los oficios sobre reportería. De conformidad, ello le suma mayor prominencia a las ideas testimoniales, las cuales fueron armonizadas con la prosa. Por tal acierto, surge la cohesión entre la verosimilitud y la coherencia a modo sobresaliente en la obra literaria. De hecho, la corroboración histórica, le imprime fiabilidad a las efemérides, allí narradas. Con cuidado, nos ubica el autor en un contexto que se mueve por intereses ideológicos y por sus partidismos políticos. Sobre esta pareja discusión, tal como propone Otto Morales Benítez:

En el periodismo, se alterna con política, desde los claustros universitarios. Nunca hemos abandonado estos afanes e inquietudes. Bien lo saben muchos de los asistentes, pero quiero dejarlo explícito para quienes lean. Quizás ello ayude a la claridad en el aprecio de ellas o conduzca a un gesto de conformidad, considerando con son resultado de una deformación profesional. (2007, p.33)

Sobre este sentido, Eutiquio como creador alcanza con su literatura a surcar esta dualidad de mezclar política con realidad, algo muy riesgoso para quien relata periodismo. Más en bien, ya él veterano, se fragua por encima de las ideologías fanáticas y a lo libre, infunde lo social en su cuentística. A esfuerzo, presenta los tráfagos que ha habido en las tierras campesinas de Colombia, pues nos ubica en un terreno, llorado por la violencia. Desde el pasado, Eutiquio rehace las invenciones suyas y las desarrolla con la voluntad de su poesía en prosa.

Ya más a progreso en el cuento, *El Mañana Domingo*, uno nota la ilación periodística con la recitación bucólica del literato. De baluarte, vale condicionar como tal lo relatado como un trabajo expeditivo. Conserva un único estilo de dicción sobre el principio y hace su escalada narrativa con fuerza hasta el final. Por esa preferencia, la forma del escrito, no tiene desgastamientos ni tantas prodigalidades. El narrador discurre en primera persona, lo suyo y lo resopla fielmente en el papel. A confianza, va charlando sobre Laura sin resquemores, nombra a esa periodista con añoranza, no esconde nada de vergüenzas. El hombre suelta su voz de manera simbólica, siendo un tanto alegórico. Subsistiendo a lo decaído, procura ser sensato con ella, la mujer a quien aprecia con el alma. De esta forma se va desatando lo que existe entre la intriga, sabida por ellos. Enuncia él sus cuestiones confidentes. Así, las sombras las va disipando para acercar la cristalidad de su honestidad. Recuerda las dolencias, el dolor, las adversidades que ha tenido que soportar durante su transitar por el mundo. Sobre lo más pasante, tales desahogos concentran una vehemencia de corte temperado. Dan dignidad a lo entonado con las vocales y las consonantes, allí presentadas. Su bagaje por rebeldía, se desenfunda, sin uno pretender inquirirlo. Así por su expansión de reputaciones suyas, la personalidad del ser protagónico, conquista los matices psicológicos, propios de un hombre en disidencia con los esquemas tiranos.

Así las aprobaciones, vale responder que el cuento es genuino, coge sus propios asombros. En su obtención elucubrada, consigue un contenido inconfundible. De refrendo, tal como teoriza el escritor, Julio Cortázar:

El génesis del cuento y del poema es el mismo, nace de un repentino extrañamiento, de un desplazarse que altera el régimen normal de la conciencia; en un tiempo en que las etiquetas y los géneros ceden a una estrepitosa bancarrota, no es inútil insistir en esta afinidad que muchos encontrarán fantasiosa. Mi experiencia me dice que, de alguna manera, un cuento breve como los que he tratado de caracterizar no tiene una estructura de prosa. Cada vez que me ha tocado revisar la traducción de uno de mis relatos he sentido hasta qué punto la eficacia y el sentido del cuento dependían de esos valores que dan su carácter específico al poema y también al jazz: la tensión, el ritmo, la pulsación interna, lo imprevisto dentro de parámetros previstos, esa libertad fatal que no admite alteración sin una pérdida irrestañable. (1969, p.78)

Por este sentido, ahora bien puedo deslumbrar la obra de Eutiquio Leal como originaria. Lleva un estilo resistente, posee su sola firma. En texto, la narración sostiene los improperios con justificación, grita los escándalos insidiosos. Desde la conciencia interna, el hombre rebate contra las crisis habituales. Los problemas sobre lo terrorista los desaprueba. Con ahínco rechaza la maldad, que pervive en los hombres violentos. Cae en el razonamiento de que la guerra trae nada más que destrucción, sola imperfección con desolación. Por su inferencia, distingue todo el desafuero, ve a la ciudad inmunda. Esto inobjetable, así entonces nos permite considerar el soliloquio englobado del protagonista. Tiende por su parte a ser renaciente, delata de súbito la furia que resiente contra esa exterioridad estrambótica. El personaje con rebeldía, expulsa las recriminaciones sin supresión, rebrota hasta groserías, más nunca retrocede, ni se echa a la rendición. Antes, todo lo contrario, mantiene su ser palpitando en sobrevivencia de resistencia y con esfuerzo va soltando sus alegaciones en las hojas de papel. Debido a esas posesiones, lo dicho como lo exponenciado, sugiere estampas de su única identidad, la cuales le fundan importe a la invención literaria.

Demás en solidez, quien encarna las meditaciones es un escritor, un periodista de verdad. Sobre ese trasegar, rescata entonces las memorias suyas, más intensas de su adultez. En lo conforme, examinemos aquí la voz del narrador:

Muchas veces habíamos discutido con ella nuestro asunto, nuestra lucha proletaria. La lealtad nos parecía lo primero, el fundamento de la vida, de la clase obrera, de la lucha. Para nosotros el principio de solidaridad era algo así como el catecismo inmaculable y debido a nuestro lema nos obligaban a subsistir como prófugos: habitantes subrepticios de la ciudad amada donde

*nacimos y hemos de luchar y morir héroes de
la esperanza.* (1974, p.31)

Al cabo de lo leído, uno puede intuir la asonancia como profunda. El hombre le conversa al lector sobre su temporalidad existencial. Admite que es dura la revolución cultural, reconoce como ha tenido que superar a la austeridad. Y susurra que podría morir para renacer en el futuro, por eso cobra prominencia el soliloquio que expurga el escritor, botando las severas liberaciones.

Consecuentemente; habla de su amor, Laura, una mujer guerrera quien ha intentando ayudarlo como acompañarlo en medio del estertor racial. Así que aparte de que se quieren, ellos poseen semejanzas ideológicas. Ambos inspiran sus acciones por el pueblo, consagran la vida en defensa de quienes padecen abusos como injusticias. Desde sus posiciones, uno conoce como ellos han sacado varios artículos y escritos para hacer relucir los atropellos, que han fraguado los grupos ilegales contra los ciudadanos. En lo conforme, se siente la discrepancia del escritor hacia los periódicos de la autocracia y propaganda, mientras relata sus desesperaciones. Explica como hay de disputas entre los diarios, por las primicias, por la información. A derivación, manifiesta que esos medios de prensa, distorsionan y tergiversan la realidad. De modo que él para lo personal, se torna un literato independiente, quien sopla denuncias a diestra y siniestra, por la mejoría proletaria.

Aparte, él se junta con Laura y juntos evaden como pueden a los perros del mal, van superando la austeridad en medio del anochecer, soportan los estruendos de esa época peligrosa. Además, cuando pueden, hacen el amor, Laura y el escritor, para darle desahogo a la ansiedad. Así lo declara el narrador, quien a pesar de todo, trasciende sus momentos inefables y memorables.

Por consiguiente, percibo el cuento con ciertas combinaciones de dramas. Empieza por un lugar y termina en el espacio más impensado. De algún modo, la creación es extraña. Eso sí, los argumentos están ahí sugeridos en la expresividad. Aparece la represión con sus diferentes degradaciones autoritarias. Se halla a la vez la tristeza en lo emocional. Ya mientras tanto, el escritor está a solas en la cobacha donde pernota y allí en arte, desenfunda su prosa, manifestando las desolaciones de esa capital tan fría como agobiante, donde apenas sobrevive. En lo cual, concibo las tendencias de indagación, encuentro un examen sobre la ciudad donde pasan esos ayeres. Y con atrevimiento, fue ocasionado el hacer literario con probidad. Abarca una figuración única del literato, allí recreado en la literatura. Con el avanzar de los fragmentos, se van rompiendo las concepciones de mundo. Esta particularidad, repercute entonces en tensión sobre el escrito y discierno que le da una mayor composición a la textualidad. Por este tipo de fusión, traigo la inmediata mención de René Avilés:

Hoy en día, la inmensa mayoría de los narradores realistas toma sus materiales de la circundante realidad, lo hacen de modo muy semejante al que utilizan los buenos reporteros. En tal sentido, es importante estudiar los géneros literarios y los periodísticos, la forma en que ellos se mezclan. (1999, p.12)

Ya por supuesto, tal conjugación escritural, resulta elaborada en la obra de nuestro maestro, Eutiquio Leal. Consigue él hacer su cuentística con prosa social. Lo suyo imparte conocimiento para lo situacional como para los actores de esa realidad abstracta, pone a ver como las calles andan sin libertad, las intuye en medio de las represiones. Halla en crisis a la comunidad y también a los burócratas. Por eso, su protagonista se levanta con ofensas exclamativas, desaprueba los ladridos de los perros ambiciosos, sabe que ellos son unos ignorantes. Por tales motivos; él, persevera con esmero por los sueños libres.

A tal grado, lo ingeniado por el escritor tolimense cobra solvencia, nos identifica los conflictos colombianos, los pone en evidencia. En su aseveración, representa nuestras dificultades humanas y desengaña a quienes usan las máscaras. Por desarrollo, deja implícito el cambio de conciencia para quienes pretendemos madurar. Con fuerza de voluntad, el hombre Eutiquio Leal, nos llama luego a que busquemos más las letras.

Por supuesto, porque en su último cuento, *Bomba de Tiempo*, toca lo sensible hasta lo más emotivo del alma. Da con gracia en el corazón, nos demuestra la magnitud de la literatura por medio de su inspiración, suspira a la vez en defensa de la vida. A través de dos guerrilleros, pone con una justa crudeza, los horrores del estar en guerra. Sugiere por efecto como eso es de negro, que ahí abunda la fatalidad. Narra como a ellos los golpea la misma carestía. Fuertemente hace sentir la hambruna. Dificultosos, los dos rebeldes, van caminando en tropa por entre el campo mientras los acosa el miedo latente. Y de repente, ellos sienten remolinos en el estómago, apenas retumban las detonaciones de la violencia.

Entonces, Pasillo con Carmela, tienen que salir a correr, sin saber para donde escaparse, sufren evidentemente la situación azarosa de los ataques bélicos. Como pueden, pasan a meterse en una zanja. Ambos son por cierto los personajes principales de este cuento. Allí resguardados, ellos aguantan la ofensiva y de pronto contraatacan con disparos. Están ellos en medio de un combate. Aquí claro que podemos examinarlo:

Tan pronto el fragor se hizo inconfundible, el hombre tomó su puntería y el objetivo se le clavó en barrena sobre su puesto. Sin mover los párpados ni los ojos, ni un pelo, sin respirar siquiera, como quién se empecina en no morir, lo mantuvo encañonado hasta después del tiro certero. Sólo apretó el disparador cuando sintió trepidar debajo la tierra y el mampuesto, al tiempo que se le erizaba toda su piel. (1974, p.44)

Esto apenas pasa, conmociona en lo personal, se percibe y se capta la intolerancia colombiana. Yo acepto como los guerreristas son de odiosos. Casi todos en general, cargan sus rencillas del pasado. Ni uno ni otro bando quieren ceder las armas. Sola repercute la intransigencia a mortandad. De este modo el cuento deja pensativo a quien lo lea. Uno logra entender como los quienes militan en los ejércitos, para su mayoría quieren fraguar sus venganzas.

De hecho, entre las trincheras, la escuadrilla de Pasillo hace caer un avión, se lo bajan con disparos de metralletas. En el acto, pues ellos suponen que están ganando la batalla. Así qué con su gentilicio, gritan coreos eufóricos de victoria, creen que todo está bien. De paso, toman otra vez por su camino, van subiendo diferentes lomas por entre las trochas. Como frente, llegan en poco tiempo al campamento donde guarecen ellos. Por allí están en guardia y de vez en cuando ven a campesinos de ruana, cruzando por los matorrales, bajo el cielo azul y teñido de sol. Así, la recreación geográfica ofrece muy bien colorido a la historia, uno avista como nítido el imaginario concretado, allí en el cuento.

El grupo de rebeldes, por su lado, se cuida de los chulos, quienes van por los aires. En la medida crecida, las escenas secuenciales están intensivamente compuestas. Casi todo el tiempo corre rápido. Ese transcurrir agónico vibra consecuentemente en lo recreado. Se halla la historia colmada en efecto, por medio de paisajes llamativos y bien dibujados con la prosa. Debido a su forma, la lectura alcanza a realizarse de una sola pasada. Es aparte atrayente como aprensible, ya que en lo personal, supe la trama, yendo cada vez más en aumento hasta el tremendo final. Pese a que encuentro una que otra frase extraña, sostiene el texto su simbología comprensiva. En arte, completa lo que pretende revelar y de súbito cristalizar en la literatura.

Fuera de aquel pasado, convengo con el planteamiento del maestro, Antonio Briones:

En los cuentos literarios, partiendo del hecho de que su ámbito específico es el realismo, se ofrecen por el contrario, distintas posibilidades en lo que se refiere a las relaciones entre realidad y fantasía. Lo más frecuente es que se presente un solo plano en la representación de la realidad. (2008, p.19)

De hecho a lo exacto, la mencionada noción pasa en el cuento, *Bomba de Tiempo*. La anécdota a lo largo perdura acorde con lo creíble, se trenza en invención con lo rural, clarea hasta la majestad de la selva. Además, van surgiendo los instantes de manera similar a ese mundo campestre. Por allá en las cordilleras, los violentos vuelven a soltar los tiroteos, ellos ponen a sonar sus rifles en el monte. Ruda es la contienda entre los enemigos, tanto que llegan y se fugan los días entre múltiples bombardeos. De resolución, ello tiene mucha inherencia con nuestra población nacional.

Duramente en lo confesional, Pasillo nos figura a los rebeldes que tienen familia. Por causa de las crisis sociales y la pobreza, pues este personaje procura hacer justicia con las armas, ingresando a la guerrilla junto con Carmela. Lo anterior uno por sí mismo lo deduce en la historia. En los diálogos, se identifican sus pretensiones, creen ellos en la revolución insurgente, la idealizan como un camino ferviente hacia la liberación. Sin embargo, ellos tienden un poco a equivocarse, porque no descifran que la lucha es con todo el pueblo, impulsada por el pueblo y para el pueblo. Más profunda la libertad, nace cuando como humanidad, juntos empecemos a ser socialistas de verdad, tanto justos como fraternales, así todos viviremos en más paz. De lo contrario, nosotros seguiremos errando entre las ambiciones del poder, bajo horrores de tinieblas. Si aún terqueamos con nuestras tendencias degeneradas, nosotros permaneceremos ignorantes y sin progreso real. Para el caso, tal como narra Eutiquio Leal:

> *Minuto a minuto fue escapándose el tiempo y la impaciencia fue viniendo y quedándose entre la gente armada. Iguales unos a otros, también los días y las semanas habían ido desfilando en serie y ya estaba cumplido el primer mes de ametrallamiento y bombardeos. Los campesinos eran sometidos a un castigo diario, pero en esta presente semana había aparecido una gran novedad: bombardeos alternos. Hoy sí. Mañana no. Y como el día anterior había sido de tregua, de ninguna actividad bélica pero de reuniones, de planes, de discusión y mucho trabajo interno, los combatientes como que empezaban a desanimarse un poco o si se quiere a perder la costumbre, tal como ocurría hoy no y mañana sí.* (1974, p.52)

Hoy entonces con resolución, sé que ya es el presente de cavilar y razonar lo profundo de nuestra existencia, para que nos rescatemos en unidad humana, más emprendamos nuestra transformación moral como seres pacifistas. Así por el bien espiritual, que llegue la muerte del mal y que venga la luz de la sabiduría, para quedarse en nuestras conciencias, ya elevadas con la belleza de la paz, que es la revolución del amor.

TERCERA PARTE
RELATO TESTIMONIAL
ALFREDO MOLANO
DEL LLANO LLANO

Sobre todo en la generación moderna; vivió un maestro del periodismo y la literatura, aquí en Colombia. Este hombre fue Alfredo Molano. Su reconocimiento se debió a todas las labores de sacrificio, que hizo en vida como escritor de la verdad. El maestro Alfredo Molano, estudió con seriedad su época así como también indagó los hechos particulares del país, los cuales decidió trabajar y profundizar en su adultez literaria. A esfuerzo, él promovió y realizó en sus exploraciones investigativas, los mejores escritos de seres marginados, para el bien de nuestra Colombia.

Debido a lo relevante de Alfredo Molano; ahora entro a interpretar esta obra de su autoría, *Del Llano Llano*. En principio, la creación es periodística y se halla toda compuesta por relatos testimoniales. A lo emotivo y fuerte, Alfredo pone como narrador al protagonista en todas las historias. Así bien, cada uno de ellos expone los recuerdos de sus desgracias, los toca en modo personal.

Ya propiamente sobre lo creacional, los personajes tienen sus experiencias en los llanos. En realidad, son mujeres y hombres humildes, quienes cuentan como han sido sus vidas en la tierra llanera a la vez que hablan de los cambios sociales, que ha tenido esta región, debido a la violencia.

En tanto, Alfredo Molano organiza las anécdotas según la progresión del tiempo historiográfico de Colombia. A su propósito, comienza la primera narración, *La Virgen de Sibilina*, una vez ha pasado la guerra de los mil días. Por allá suceden los años veintes entre el acontecer rural. Es una mujer quien confiesa esta historia. Ella menciona su infancia en el campo, las relaciones que tuvo con los padres y expresa las creencias suyas religiosas. Así constantemente, refiere algunas de sus aspiraciones benignas, para su futuro. Con querencia, igual pone al descubierto las afecciones de su mamá, lo cual va siendo importante, porque por las devociones de la señora, resulta ella en un internado de monjas.

La señorita; por cierto, llega al convento en un caballo, acompañada de su padre. Allí, conoce a las hermanas superioras. Luego por acuerdo de estas señoras; ella pasa a residir con otras compañeras en aquel lugar encerrado, donde se va acomodando de a poco a los quehaceres diarios, aprende diversas enseñanzas.

Aquí claro, podemos leer un aparte:

Por la tarde volvimos al salón de clase y la hermana Albertina nos entregó a cada una un tazón de arroz mezclado con trigo para que, en silencio, lo separáramos grano por grano. Duramos toda la tarde en ese oficio, hasta que tocaron la campana para ir a la capilla a rezar el santo rosario. El frío volvía a meterse por todas partes; por debajo de la falda y por el cuello, por las mangas y por la cintura. No había manera de hacerle el quite. Después de comer y de volver a rezar el yo pecador, nos acostamos. (1995, p.14)

Así entonces, uno percibe las prácticas que debe realizar la joven sibilina con las demás amigas. Su pubertad, se vuelve rutinaria como áspera, llena de trabajos represivos, le toca bregar duro con perseverancia en sus labores y por tal motivo, ella resiente las lágrimas por la noche. Esta persona evidencia la rigurosidad habitual de las señoras. Sin embargo, tales imposiciones le sirven para descubrir a la gente desconocida y para amar más a los suyos, fuera de que ella se va volviendo valiente.

De más en subida del tiempo, pasan las lunas por el convento, siguen las actividades monótonas. Todo, hasta cuando llega una madrugada de misterios y la sibilina apenas despierta, se dispone a contemplar el horizonte natural, avistando el cielo azul, va apreciando el colorido hermoso. Cuando de repente, ella dice ver a la virgen María, cercana a los campos donde vivía con sus padres.

En este sentido, se perciben las supersticiones de nuestra gente popular, la credulidad que le dan las mujeres a las apariciones de los santos. Además, por aquella época, se nota el afecto de las familias campesinas a la religión. De hecho al poco tiempo en la historia, el padre de la señorita, descubre que ella está teniendo visiones. Entonces, viaja el señor otra vez hasta el convento, recoge a su hija y ya juntos se van a poner una estatua de la virgen María en la llanura.

De modo tal que Alfredo Molano, procura en este relato un trabajo periodístico como sociológico. Desde el testimonio de la sibilina, saca sus añoranzas viejas y por medio de las indagaciones hechas a la región, resalta los paisajes en vez como profundiza a los habitantes con sus costumbres. Por lo tanto a esfuerzo de furor, Alfredo Molano consigue enarbolar el escrito con originalidad, su intrepidez prosaica, genera sensibilidad en el lector.

Aparte, por lo creado, tal como diserta, Gabriel García Márquez:

> *La investigación no es una especialidad del oficio periodístico sino que todo el periodismo deber ser investigativo por definición, y la conciencia de que la ética no es una condición ocasional, sino que debe acompañar siempre al periodismo como el zumbido al moscardón.* (1996, p.8)

De concordancia entonces con lo postulado, veo que el escritor Alfredo Molano, sigue por estos ideales del periodismo, él examina a las comunidades así como entrevista a las personas pobres, para contarles sus historias. Con seriedad, él narra las angustias pasadas de ellos, rescata sus dolores.

Seguidamente en el segundo relato, *No Pude Dejar de Llorar*, pienso y sé que es un testimonio muy intimista. Toda la historia está narrada en primera persona. En el espacio evocativo, la protagonista nos habla sobre la violencia de Colombia. Confiesa que ha sufrido mucho en carne viva esta señora. De golpe; refiere el asesinato de Jorge Eliecer Gaitán. Desde su perspectiva, revela lo que desembocó este crimen y este agravio contra la humanidad, generó evidentemente las rebeliones en los montes andinos.

A causa de aquella transición política; resurge la guerra en las fincas, comienzan a verse los enfrentamientos de chulavitas y collarejos. Durante largos días, los unos buscan defender su poderío mientras los otros luchan por ejercer el liberalismo, menos los campesinos, van siendo los peor afectados de tal conflicto armado.

Por cuanto pasa en lo histórico, la mujer conoce el horror en el llano, presencia la muerte de sus seres queridos. Allá en Labranza Grande, cerca a Sogamoso, los combates se tornan arrasadores y en medio de la guerra, su hijo queda herido durante una huida. Eso desde 1946 hasta 1952, ella descubre la agonía, solamente recibe humillaciones con amenazas espantosas, casi hasta la matan.

En este pasaje, podemos advertirlo:

En una ocasión fueron apareciendo en el patio de la casa los Chaparros, Chucho y Mauricio, hombres empecinados en hacer el mal. Pidieron guarapo porque venían secos de tanto gritar contra los liberales, que en esa época éramos la chusma. Mi papá, asustado, les brindó una totumada, y a mí me dio tanta soberbia ver al viejo tan poquito que lo empellé y le hice jondiar lejos la chicha. Los hombres abrieron tamaños ojos de odio y me cayeron encima a castigarme, pero como yo estaba pollona y ellos eran pesados, no lograron apañarme así bufaran: "Cójanme, viejos malvados, cójanme y mátenme si es que pueden: yo soy liberal hasta la tierra. Asesinos", y los provocaba desde lejos. Juraron venganza. (1995, p.21)

Así entonces, por lo confesado, comprendo que la juventud de esta muchacha es muy dolorosa. A lo colombiana, habita entre bandoleros y atentados terroristas. Ciertamente, ella oye a cada rato los bombazos por la serranía y al poco tiempo, llegan los invasores a saquear su casa, por ser ella del campo, una labradora indefensa.

De mayor efecto, Alfredo Molano, nos llama en este relato a despertar nuestra conciencia. Desde los personajes, muestra las tragedias que deja la intolerancia humana. Da a saber que por la violencia hay conjunta miseria. Así, lo promovido por este escritor, tiene siempre un importe para nuestra sociedad, pues a través de las personas implicadas en sus historias, habla fuertemente de los pueblos y de nuestro país, ido entre muchas subversiones.

Por tales motivos, uno percibe el compromiso de este bogotano con el proletariado y las letras. Con el esfuerzo suyo, se supera para fundir literatura con periodismo. De conformidad, creo que lo hace de una manera eficiente, siendo bueno.

Ya como dice, Marianne Pansford:

Pocos países gozan del privilegio de tener en su nómina de escritores a un Molano. Su obra es literatura y a la vez supera la literatura, porque puede ser leída desde dos orillas, dependiendo del azar de cómo caiga la moneda: como historia convertida en literatura y como literatura convertida en contra historia. De un lado, está el hombre que lleva más de cuarenta años internándose en las zonas más remotas y olvidadas de un país que es un puro alejamiento de sí mismo. Del otro, está el escritor que ha sabido capturar, con la inteligencia literaria de los grandes narradores, los azares de la condición humana, sus miserias, sus contradicciones, su lógica de superviviente, la inmensa fortaleza del espíritu humano y su casi siempre escondida vulnerabilidad. (2013, p.3)

Entre tanto, Alfredo Molano en este relato de vida, *No Pude Dejar de Llorar*, hace de viajero periodístico por los llanos orientales y como narrador, salva la voz de la mujer roja, quien es golpeada por la violencia bipartidista. Por su posición, ella de algún modo habla al lector, su declaración suena como un canto de sensibilidad al sufrimiento. Uno percata, lo que lleva en el corazón, uno se impresiona por su dolencia del alma, ella aparece lastimada por los tantos lutos. Con sinceridad, la mujer muestra su bondad y por ser madre, encanta más esta historia.

A propósito, podemos escucharla en este instante:

Con Pablito enterré parte de mi vida y todo lo que me hablaba de él: las fincas, las bestias, las reses, y me vine a buscar el Llano. Me cansé de viajar por los mismos dolores: me aburrí de la cerveza de don Plinio y de los fustes de Víctor. Me despedí de todo. Pero me vine sin saber que uno carga la cruz para donde vaya. Desde que cogí el camino al Llano comencé a llorar. Lloraba loma abajo y loma arriba, subiendo y bajando esos atascales, y mientras más caminaba más arreciaba el agua porque en julio el invierno no perdona. (1995, p.30)

Ahora por su relación temporal; *El Retaque*, prorrumpe en el libro como un relato de guerra. En lo personal, creo que es la mejor narración de este libro. Sobre lo completo, conlleva una hilaridad sobresaliente, las palabras vertidas impactan en lo emocional, conformando todas su fuerza vocativa, demuestran la trama dentro de lo creíble.

De más en lo narrativo, las recordaciones van siendo contadas por una mujer de Ariporo. Ella empieza con las añoranzas de su vida por la sabana, hallándola con su padre y avistando el ganado en los pastizales. Todo parece ir normal, sin muchos sobresaltos. Las usanzas en el hogar, las llevan con la caza de animales, yendo por las planicies de la finca, sin aparentes miedos.

Cuando iracunda de forma pesada, llega al llano la violencia rural. El entorno de súbito ahí se desordena en lo social, la subsistencia por la vida, va volviéndose muy complicada. Rudamente, reaparecen los chulavitas con sus fusiles, acabando con las haciendas, matando hasta a seres humanos. Mal pasa, por ahí todo lo terrible entre la adversidad, cuando por supuesto, la mujer protagónica, por lo que sucede entre los fogonazos de las armas, tiene que huir con su madre hacia nuevas tierras, juntas van yéndose lejos y comprendiéndose como unas desplazadas.

A causa de esta malaventura, la protagonista se compunge en desesperación, presencia los ultrajes contra la población de granjeros. Entre la inclemencia de la intemperie, conoce el mundo de la miseria entre la guerra, su existencia se afecta, rápidamente tiene que peregrinar por rumbos desconocidos para salvarse de la muerte.

Aquí, por ejemplo, lo notamos:

Caminamos toda la noche hasta que nos alcanzó el día y nos cogió el calor atravesando la sabana. A la noche siguiente nos guarecimos en una mata de monte y al otro día tocó igual una travesía. Al siguiente otra y así, hasta llegar al centro del llano. Allá encontramos muchas familias que como nosotros andaban huyendo. Los hombres se devolvían a pelear y quedábamos sólo las mujeres y los niños en esas soledades. Vivimos mucho tiempo con lo que llevábamos puesto. (1995, p.33)

Enseguida en lo trágico, uno percata la angustia de la mujer anónima, aunada a la tribulación de las otras personas, quienes intentan escabullarse de los combates guerreristas. De golpe, se ve a las llaneras y a los pobres, yendo por los senderos arrasados, quienes sentidos en el desencanto, van apreciando la austeridad, ellos allí, cada vez peor resultan en la orfandad.

Esta develación, consecuentemente nos muestra el territorio gris de los llanos, que pasa durante los años cincuentas, debido a las contiendas recrudecidas de liberales contra conservadores, perpetradas por ellos en reyertas, sin restricciones.

Por tal caso, Alfredo Molano, retunde a lo fuerte por medio de la entrevista, realizada a la mujer declarante del relato. Por sus exploraciones como reportero y gracias a la memoria de ella, consigue un testimonio humanizado. De más, uno leyéndolo revela que sí hay periodismo literario en el escrito. A lo largo del recuento, se aprecia la producción de información, relacionada con los colombianos, propios a esa generación del siglo veinte. Desde la testigo, quien vive la transición de la violencia y los tiempos del frente nacional, refiriere las ofuscaciones populares en este relato de vida, *El Retaque*, suscitando asimismo los ideales de ella.

Y en lo profundo, considero que está bien hecho el relato, pues como plantea, Greta Rivara:

El relato testimonial presenta una forma de constitución de la subjetividad y de la identidad, como ha señalada Ricoeur, pero en el caso del relato testimonial, esto no se reduce a la constitución de una identidad personal, sino que el relato lleva implícita la enorme carga de un evento histórico, de un horizonte, de una o varias tradiciones, pues el acontecimiento vivido es relatado, incorporando la historia de alteridad que vivieron el mismo evento. (2007, p.116)

De conformidad con lo pensante, uno reconoce esta práctica literaria en la obra, *Del Llano Llano*, propia de Alfredo Molano y su colectivo de amigos protagonistas. Toda la reunión de relatos, funde la situación personal con el estado histórico de Colombia, lo cual en lo social, va alterándose según el trascurrir del ser humano por su civilización, yendo de lo campestre hacia lo citadino.

El testimonio, *Gesualdo de Maturín*, por cierto nos cuenta las travesías de un vaquero, quien va del campo hasta la ciudad de Villavicencio y muestra que a veces cabalga hasta Venezuela, arreando el ganado por esas tierras, luego para ofrecerlo a jefes de haciendas.

A propósito, vaquea él para Antonio Lara, un paisano de su mamá.

Respecto a lo personal, Gesualdo se presume como un hombre honesto. En su comportamiento, muestra los modales acordes a su condición humana, pese a sus equivocaciones. Desde la juventud, noto que describe su personalidad como trabajadora, da a conocer sus facultades como finquero, referentes al manejo de bueyes y pastos para las bestias.

De repaso en los viajes, Gesualdo nos presenta los paisajes de la sabana con sus ríos, las tierras explica con causa de conocimiento. Y él a lo honesto, va desnudando los recuerdos de su existir, compareciéndolos junto a otros vaqueros.

Así los hechos, vale este fragmento para revisarlo:

El río Pauto tenía, como el Meta y el Casanare, mucho caimán, pero como no había fiera ni de cuero ni de carne que nos asustara, nos echábamos al agua. Tampoco había de otra. Los aperos y las camas las pasábamos en curiara. El cabestrero se echaba al agua adelante, cantándole al ganado, dándole consejos, prendido de la crin del caballo. El resto de vaqueros pasábamos haciéndole calle real al ganado entre el agua, para que ninguna res se tamboreara. Echábamos del Casanare a Villavicencio los cuarenta días a paso de ganado, hasta llegar a la pata del cerro. (1995, p.47)

De allí entonces en verdad, uno capta obviamente las aventuras de los llaneros, se observa que ellos son intrépidos y berracos. Los días, traspasan montando a caballo, van por entre las tierras frondosas, cruzando paisajes montaraces, para cumplir los mandados de sus patrones. Convengo en como ellos mantienen en austeridad, la luchan duro por sobrevivir en esas tierras, ante los peligros de la naturaleza.

En realidad; los arrieros, viajan por las praderas a plena luz del sol, tratan de superarse a costa de esfuerzo, remontan los obstáculos inesperados, se mueven con agilidad, todo para poder favorecer a sus seres amados.

Aparte, Alfredo Molano en este escrito, se preocupa por retratar al hombre del llano, acercando sus anhelos junto a sus usanzas diarias, emparentadas con su región del oriente colombiano. Allí en la narratología, pone evidentemente a Gesualdo con su personalidad, quien crece aunado a la realidad social de su época, ya que a propósito, por los años maduros de este vaquero, se entromete la situación política del país, la cual trastorna a muchos pobladores, incluyendo a este mismo hombre, oriundo de Maturín.

Desde luego, uno en esta parte lo lee:

Así pasaba el tiempo, hasta que a Laureano Gómez le dio por matarnos. No sé qué dolor tenía ese hombre en el alma, si es que la tenía, para haber sido tan malo. Yo no quería meterme en el bochinche, a pesar de ser liberal, pero cuando todos los muchachos comenzaron a coger monte para defenderse, la doña dio en mirarme como un perro de agua. Entonces la dejé y me ligué con quien llamaban El Pote Rodríguez, que tenía comando en la cordillera. Era un hombre valiente a pesar de ser guate; noble y conocedor del Llano y de los llaneros porque trajinaba con sal para los hatos. (1995, p.50)

Al tanto de estos acontecimientos, yo quedo impactado, distingo los cambios fuertes de las prácticas humanas. De súbito, se rompe la rutina del trabajo rural a causa de la guerra. Tras los enfrentamientos políticos; Gesualdo y muchos baquianos de la planicie, deciden irse para el monte, dispuestos a pelear por su ideología socialista, por la patria.

Así que en ellos, advierto sus aires de bravura. Como grupos de rojos, marchan por unos senderos adustos, más se arriesgan a promover la igualdad, juntos y resueltos, resisten con su gente, van soltando a ímpetu, la revolución. De corazón, batallan contra las milicias de aquel régimen, resurgido en 1950 hasta el año de 1952. Debido a estos motivos, demasiados de los hombres, caen en combate y mueren, sin embargo hay unos rebeldes, que consiguen sobrevivir como Gesualdo y por su querencia humana, varios de ellos, liberan su historia para la posteridad.

Ahora distintos, los dos últimos testimonios, *Sandra Milena y El Mallero*, giran por los años ochentas. Hay claramente un adelanto en los tiempos. Ya se aprecia en ambas recreaciones, la suscitación de la modernidad. De hecho, cada uno de los protagonistas es de ciudad. Eso sí, aquí lo importante y atrayente es que las dos personajes, que cuentan sus remembranzas, tienen problemas existenciales, juntos son pobres como sufridos.

Ciertamente, Sandra Milena es una amante de alquiler, quien trabaja en un prostíbulo del llano. Además, tiene una hija muy adorable, llamada Yesica. En lo personal, dice que la situación suya, la sabe como adversa y muy complicada, pues ha sido una joven marginada por la sociedad y debe responder como madre. Por esta obligación, eligió irse para una casa de citas, siendo alentada por una amiga del barrio donde residía, cuyo nombre es Laura.

Desde entonces, Sandra Milena está en la prostitución, la pasa duro durante las noches, se acuesta con ingenieros y novios bohemios, siempre con el propósito de ofrecerle algún bienestar a su hija. Desde su posición, tiene sexo por el dinero, va varias veces a la pieza, allí donde en la intimidad, da compañía a los hombres junto al placer, pero sin excederse en los amoríos. Eso es lo que declara con sensibilidad esta mujer, Sandra.

Para mayor comprensión, repasemos esta enunciación:

A las ocho de la noche van llegando los clientes, y ahí llega también la rutina. Unos lo conocen a una como mujer, otros son nuevos; unos son bastos y otros temerosos; unos son generosos y otros tacaños. Hay que tirar mucha sicología para que a una le vaya bien y no le pase nada. Vienen obreros y empleados. Los patrones mandan por delante a hacer el negocio a sus obreros, ya que no les gusta dar la cara y prefieren llegar directo a la cama. (1995, p.67)

Tras los hechos propiamente leídos, contemplo su mentalidad de mundo, deduzco que es una amante recorrida, sabedora de los hombres nocturnos. A lo profunda, ella se halla sobrada de experiencias, lleva emocionalmente algunos desconsuelos, pese a todo, sigue adelante por el sueño de tener algún día un hogar para allí en realidad, habitar con su hija.

En cuanto al mallero, lo interpreto como un ciudadano desempleado. Y para su mayor preocupación, se encuentra separado de su señora, con quien procreó en el pasado, un niño. Así que este hombre, debe responder por su hijo, tal posición, la entiende como padre. Lastimosamente, no le salen contratos a tiempo con las empresas, por tanto este señor se ve preocupado en el testimonio, que expone el periodista.

De acuerdo con su oficio, el mallero tiene gradación como soldador. Ha realizado este ejercicio de forma esporádica, sirviendo a distintos jefes, menos en su presente, se halla por las calles del llano, tratando de conseguir alguna oportunidad laboral.

A pesar de la adversidad; lucha con el coraje este hombre, la existencia suya, sostiene por su íntimo furor, soporta las tramas del capitalismo, no se deja vencer ante la realidad tan pesada de esta Colombia y todavía vive por su destino.

Cabe pues ahora, poner cuidado a estas palabras del mallero:

Yo estoy dispuesto a aguantar hasta donde sea, porque tengo los pies puestos sobre esta tierra. Tengo mis proyectos y sé para dónde voy; tengo mis metas y sé lo que quiero hacer. Si entro como ayudante, como esmerilador o como sea, sé que al paso de uno o dos meses, me dan el cargo de soldador, porque soy bueno y lo puedo probar. Yo busco cotizarme, y si no es ahora, el día llegará, porque lo que sé nadie me lo quita. Tengo un amigo que se volvió soldador y en cinco años ha hecho lo que muchos soldadores hacen en quince años o más trabajando pegados a un tubo. (1995, p.74)

Al tanto de lo confesado, uno interpreta el deseo por laburar en este hombre. Las ganas de futuro, se avisaran en su enunciación, comprendo que aspira a una posición digna, confía igualmente en su facultad como soldador. De proximidad; percibo en como ilusiona él una sociedad equilibrada y más progresista, querida por todos los colombianos.

Ya bien, Alfredo Molano, consigue obrar con rutilancia y maestría su libro, *Del Llano Llano*. A lo libertador, saca una narrativa hermosa, columbra a las personas desprotegidas. Con su todo artístico, él profundiza en el ser humano y en su mundo que lo rodea, menciona las penas de los necesitados, infunde ánimos de solidaridad, los solivianta, por sus ímpetus de misionero.

En lo total, Alfredo Molano es un viejo de letras, que ha hecho periodismo literario en Colombia.

CUARTA PARTE
NOVELA CORTA
LAURA RESTREPO
LA MULTITUD ERRANTE

De gran invención artística; la obra literaria, *La Multitud Errante*, nace del amor de Laura Restrepo, para su pueblo colombiano. En total, son 120 páginas intensas de literatura testimonial y cultural. La obra está compuesta por diecisiete capítulos. Cada conexión hace parte de la historia global. La cronología tiene relación con el pasado de nuestro país, ya bien desde mediados del siglo veinte hasta el cierre impactante de los años ochenta. Por lo demás, veo que la primera edición fue llevada a cabo el año del 2001. Ha tenido posteriormente varias publicaciones, realizadas con Anagrama, Alfaguara, Punto de lectura, entre otras editoriales.

En cuanto al género literario, para muchos es una novela corta, aunque para otros resulta ser un reportaje novelado. En fin, sin entrar en discusiones, la misma obra, se halla dentro de la creación prosaica, ello hay que tenerlo claro.

Para esta investigación en lo personal, convengo toda la narración como una novela corta, porque es concisa sobre los conflictos de los protagonistas. Está situada en el recuerdo y presente de ellos. En mayor sentido, no se extravía en divagaciones, busca penetrar lo esencial de nuestra problemática guerrerista. Y en su escritura, Laura Restrepo lo consigue con notabilidad. Esta creación, se centra sobre todo en los dramas personales de campesinos y activistas, quienes conviven entre el estertor de la violencia.

Aparte, sobre lo estructural, no hay extensión en recuentos intrascendentes. Los acontecimientos narrados son exactos como coherentes, sin ser nada excesivos, procuran abarcar lo más superlativo. Debido a este tratamiento, los conflictos tienden a quedar cerrados. Al mismo caso teórico, tal como menciona, Carmen Pujante:

> *Afirma Zumthor, sea como causa o como consecuencia, la brevedad conlleva sus resultados textuales: ausencia o extrema reducción de lo descriptivo para cosas o personas, la rareza de las determinaciones discursivas sobre la individualización de esas cosas o personas, y de ahí la predominancia de*

proposiciones típicas y generalizadoras o el todo general asertivo –si no demostrativo– del discurso. Se trata de características conferidas al género de la nouvelle y de la novela corta y el cuento y, además, no sólo para la Edad Media sino hasta la actualidad. (2013, p.20)

Así las cosas, la novela de Laura Restrepo, gravita sobre estas propiedades del enfoque en personas subjetivas y hace la descripción precisa, ella se preocupa cuidadosamente por demostrar informaciones valiosas, las cuales están condensadas con la prominencia del texto narrativo, ya todo depurado.

Sobre otro aspecto, la escritora coge un tema central, el desplazamiento forzado y con genialidad, lo profundiza por medio de problémicas, tales como la violencia indiscriminada, la politiquería y la lucha del territorio, pretendido por los intereses materialistas.

Por el mucho espectáculo del horror, la Laura novelista nos llama a ser amor donde solo abunda la orfandad, la falta de esperanza, que hay en esta nocturnidad aún tan punzante de Colombia. Esa es entonces la intencionalidad con más altura, propia de esta señora de virtudes, quien saca a sacrificio esta novela de reportería histórica.

Ahora en progreso, paso a interpretar la novela de Laura Restrepo. A modo de orden, digo que *La Multitud Errante* es una obra amorosa y negra. Lo expreso así de verdad, porque ella nos deja el alma melancólica; hay expuestas una situaciones de criminalidad, muy fuertes y hasta brutales. Por las agudezas que exhibe, conmociona nuestra mente. Suele apreciarse allí la ruindad social. En ella acontece un cúmulo de adversa humanidad. Trata sobre el dolor y el mal esta novela, más nos convida a escrutar la guerra rural colombiana. Asimismo, nos alienta a reaccionar por la bondad. De por cierto, recuenta las divisiones ideológicas y los grupos armados que surgen y resurgen con el paso de los tiempos, aquí en nuestra patria de Colombia. Se advierte en la medida pesada; la rebelión de las milicias, lo cual nos ubica en un estado calamitoso. Y con un embravecer unívoco, las miserias entrama sobre ese poco de chispazos que detona la guerra. Por tanto, allí lo combativo recuerda a nuestros coterráneos, que sobreviven sin tierras. Y ella también nos invoca a los soldados y guerrilleros, quienes no paran de hacer las balaceras. En crecida, uno asimila allá las reyertas de los batalladores. De manera vertiginosa, lo contado nos lleva al riesgo de lo agreste en lo externo. Por medio de su verbo, ella corta nuestros nervios, porque nos sumerge en ese infierno de las batallas y la mortandad. De repente, las bombas estallan en los montes junto a las fincas quemadas. Se percibe el traqueteo de los disparos, no cesan los bombardeos, se extiende esa humareda que deja la pólvora; los cielos se tornan grisáceos. Menos, se pierden los derroteros hacia el mañana. Por allí, sólo siguen turbios los estruendos de la violencia de este país. Así que por lo que acaece en la novela, los pobres campesinos salen corriendo entonces con sus corotos, pronto cargando a sus hijos y en huida, se van de sus labrantíos a vagar por entre las trochas, sin tener ya algún hogar donde prosperar en bien, ellos yendo sin felicidad. Debido a esto real, la historia de nuestros seres errantes, pesa con bravura, porque encierra el conflicto del desplazamiento en Colombia. En lo serio, para lo tocante, uno nota como hay familias de quebrantadas y hasta desaparecidas.

Evidentemente, la mayoría de los personajes son exiliados entre forasteros. Como un pequeño pueblo, vagan por los pastizales hasta acabar viviendo bajo cambuches a la espera de encontrar algo auxiliador. Cuando ya con el tiempo, se forma un albergue de caridad, cuyo lugar queda por la región del Tolima Grande. Los viajantes de paso, claro que guarecen allí sus cuerpos, bajo la inclemencia del clima durante los días y hasta los nocturnos. Así que en palabras de la escritora, Laura Restrepo, vemos como uno de ellos llega:

Se arrimó a este albergue de caminantes como a todos lados: preguntando por ella. Quería saber si había pasado por aquí una mujer refundida en los tráficos de la guerra, de nombre Matilde Lina y de oficio lavandera, oriunda de Sasaima y radicada en un caserío aniquilado por la violencia, sobre el linde del Tolima y del Huila. Le dije que no, que no sabíamos nada de ella, ya cambio le ofrecí hospedaje: cama, techo, comida caliente y la protección inmaterial de nuestros muros de aire. Pero él insistía en su tema con esa voluntaria ceguera de los que esperan más allá de toda esperanza, y me pidió que revisara nombre por nombre en los libros de registro. (2001, p.14)

En la misma constancia histórica, uno advierte los desconsuelos personales de estos seres marginados. Por momentos, los segundos tienden a paralizarse, más ellos, los huérfanos y jóvenes y muchachas empiezan a construir sus versos de amistad. Bregan a ayudarse entre ellos, se aúnan como seres indefensos. Pese a todo lo catastrófico, elijen desnudar sus añoranzas, las explayan con seriedad, se lanzan a compartir sus desgracias. Esto de algún modo los asocia, los pone fraternos. Heridos, sus desahogos espiran al prójimo. Con gentileza, ya para la sobrevivencia, ellos van consolándose entre los semejantes, golpeados por esa violencia tan de todos, que aún no cesa ni perece de una forma absoluta.

Por tales causas, uno concibe lo rural en medio del conflicto armado, que mal pasa en nuestra patria. Así sé esta novela corta de Laura Restrepo, que entona esta desgracia, sabida entre la tristeza de los más desfavorecidos. A fuerza, la misma creadora, busca lo verdadero. Sin miedos, ella descorre lo pesaroso de nuestra generación, pintando sólo por allá lejos un rayo de esperanza. Sobre lo incisivo, nos afronta las agonías ajenas, las rescata con agudeza. De anuencia, la narradora remueve las memorias de los sin amparo. Ella recupera sus voces dóciles, antes anónimas. Habla de ellos ciertamente con pertenencia. A estas personas, las descubre como avasalladas ante las invasiones guerreristas. Retrata igual con dedicación a uno de estos flagelados a tacto; aquí lo podemos leer:

Al principio, durante los primeros días de su estadía, creí posible aliviarlo del agobio, según he aprendido a hacer en este oficio mío, que en esencia no es otro que el de enfermera de sombras. Por experiencia intuía que si quería ayudarlo, tendría que escudriñar en su pasado hasta averiguar cómo y donde se le había colado ese recuerdo del que su agonía manaba. (2006, p.21)

En cuanto a las impresiones, se percibe el desespero de ese personaje humano, similar al de los otros habitantes, quienes soportan una situación estentórea. Tal posición humana apabulla a cualquier ser medio sensible. Como él va de alicaído, nos afecta la conciencia para ver que promovemos nosotros a juicio por ellos. Entre tanto, la novelista consigue con dichas filiaciones que el torbellino de experiencias, supere por ratos la ficción. Lo tortuoso es allí vociferado, sin sesgos raros. Muchas de las problemáticas provienen de la misma realidad, que nos circunda entre las calamidades. Tras lo fúnebre, se comprueba allí la miseria humana, que aún padecemos, ya sea de hambruna o de barbarie. La prosa de Laura Restrepo es por efecto, muy franca, toca lo suave y de vez en cuando alcanza lo radical, lo contestatario. Expone con gala de juicio, la letargia de una humanidad, la cual está a la espera de un mañana pacifista. Por lo querido, suspiran por tener algo calma en el futuro, los desplazados suyos. Pero lo cierto es que ellos perduran a la deriva como en hastío, yertamente porfiando una paz de ilusiones, toda de amores sin alas. Cada uno de estos seres en lo intrínseco, se decae luego con las noches, haciendo la monotonía, ellos desiguales huyendo de su pesadilla, que los hostiga, que los acorrala por las laceraciones de esos ayeres, sabidos entre las explosiones. Aparece entonces aquí en Colombia, nuestra legión de mártires siendo violados mientras en los medios masivos, siguen botando falacias. Estos arrieros intentan fugarse del horror a medida que la violencia los asedia. Sin embargo y pese a sus previstos; se desenfunda con el tiempo lo sanguinario, que repercute en genocidio para ellos como víctimas. De explosión a llamarada, quedan nomás los destrozos con los vestigios de las emboscadas, hechas por los guerreristas. Menos los asesinos, cruzan por las fincas y las aldeas, rebajando a los pueblerinos. Tras lo pesado; la dama en letras, pone de manifiesto esa deshumanización que antes había sido poco explorada. Lo que busca acusar lo suelta con notificaciones sostenibles. Ella extiende este trabajo de literatura hacia lo investigativo, porque aparte de todo es periodista. Con acierto aproxima las situaciones inherentes a la realidad. Lo hace por medio del contacto con las comunidades afectadas por el desplazamiento y con las personas, quienes tienen familiares desaparecidos. De paso, plasma las situaciones ásperas que ellos han soportado a causa de la guerra. Por eso saca esta novela de maestría, mientras que los otros cronistas, sólo exploran y procuran el desplazamiento de manera superficial. Sobre todo, quienes están supeditados al empleo en periódicos con preferencias políticas, hacen cualquier trabajo de reportería fanática, para tener en correspondencia sus beneficios personales. Debido a tal dependencia, sacan apenas escritos de tres a cinco hojas mal redactadas, quedan entonces muchas importancias por el aire. En efecto, porque estas gravedades son complicadas, se hallan enlazadas con otros dilemas como el orden social, el derecho, la educación universal.

De otro lado, varios autores colombianos han tratado en sus relatos y novelas aspectos sobre las violencia como el sobre destierro, hay que reconocerlo, pero de algún modo han distorsionado las invenciones. Ellos se han preocupado más por la concentración ficcional, que digo no está del todo mal, sólo que queda escaso el contexto de comprobación, cuando uno busca combinar tratamientos históricos, además como lo comentó, Alejo Carpentier:

Hacer periodismo, significa, para el novelista, establecer un contacto directo con el mundo. No creo que el periodismo lastre las posibilidades imaginativas del narrador; por el contrario, el periodismo puede significar el acercamiento y conocimiento de ambiente que puede ser utilizado en la narrativa. Pero el aspecto peligroso del periodismo está en que puede acostumbrarnos a una facilidad, a una aproximación a las cosas, por la línea de menor resistencia. Y esto puede ser fatal para el escritor. (Citado por René Avilés Fabila, 1999, p.15)

Por este motivo, considero que la gran mayoría de novelistas modernos de Colombia, no fueron incisivos sobre este género vanguardista, llamado periodismo literario. En lo riguroso, sólo por ahí Eduardo Santa con su novela; *Sin Tierra Para Morir*, consiguió relacionar estas fronteras genéricas del periodismo y la literatura. Más sobre lo trabajoso, sólo por ahí Eduardo Caballero Calderón con su novela, *Siervo Sin Tierra*, llegó a ciertas fusiones de actividad reportera y creación literatura, las cuales uno aprecia en su narrativa libertaria. Ya en el pasado, tocaron por cierto algunos roces de periodismo con literatura, los escritores como Germán Santamaría, Alberto Salcedo Ramos, Germán Pinzón, aparte de otros creadores de Colombia. Pero creo, ellos han emprendido sus escritos desde su historiografía, sin ser muy arriesgados en la vanguardia, así en tanto por sus posiciones apenas han trabajado a modo de iniciación sus novelísticas para Colombia, siguiendo las inferencias tradicionales. Mientras que por su parte, Laura Restrepo ahondó a su tiempo sin miedos ni tapujos, lo suyo, aunándolo con la reportería. Debido a esto visible, la obra en discusión tiene por hecho matices periodísticos, porque alega y divulga lo que otros esconden, grita su indagación con palabras, todo ese caos que hay allá entre los matorrales y el monte. Incluso es más, lo suyo esfuerza literatura moderna por su originalidad sobre el manejo del lenguaje. Ella vierte frases estéticas y lacónicas, que enriquecen el contexto exponencial. En sí esta mujer, abre una forma cambiante de estimación sobre la producción comunicativa, dedicada a la función seria de quienes impulsan la reconstrucción viviente del hacer narrativa, así bien como la fraguó en su honor, Alfredo Molano, uno de los pocos quien trabajó en adultez por restituir la benevolencia de Colombia, siempre con su pluma rasante. Y a propósito, la escritora Laura Restrepo está influenciada por las letras de este hombre, quien cuestiona los desarreglos de convivencia humana, debido a las disputas por la geografía y el poder ya banalizado. Por tales luchas hacia la fraternidad, ambos se conocieron en patria, debido a sus juntas vocaciones artísticas. Al cabo con el tiempo, Laura ha desarrollado temáticas similares a las que trabaja Alfredo Molano, tales como la violencia y la necesidad de paz. De este modo, ellos en el pasado unieron sus esfuerzos para mejor retratar los campos, la ruralidad y las eventualidades sociales de este país. Entonces sobre estas primicias, la adulta Laura Restrepo relaciona con otros libros su obra literaria, fuera de que la desarrolla con esbeltez.

De otra parte, Siete por Tres es el protagonista de esta novela, quien tiene varias situaciones traumáticas. En lo literal, puede ser una persona simbólica y propia de imaginación, pero a la vez encarna la carestía, él refleja con sus actitudes la angustia de los desterrados, más tiene una conciencia con sus reminiscencias. En este fragmento, lo podemos corroborar:

—Siempre a la orilla del río, entre espumaredas y ropa blanca, así la recuerda Siete por Tres y cuenta que creciendo a la sombra de esa mujer de agua dulce supo que la vida podía ser de leche y miel. —Cuando comenzaba a hacerse oscuro y los pájaros a coger nido – evoca desde las crestas de su añoranza -, ella me llamaba y yo se lo agradecía. Era como ponerle fin al día. Su voz se quedaba pegada al aire hasta que yo regresaba a ovillarme a su lado. (2001, p.26)

Esto hace parte entonces de alguien quien simplemente omite el nombre. Es Siete por Tres su apodo y esta persona tuvo una infancia de varias dificultades. Pues a costa de sacrificios, anda por la región cafetera buscando a Matilde Lina, la mujer a quien ama, su madre de crianza. Eso como peregrino, va preguntando por ella a la gente, sin descanso. Anda por muchos caseríos para ver si vuelve a tenerla entre sus brazos. Sin embargo, no encuentra a Matilde en ningún lugar de la tierra, pese a sus esfuerzos por querer recuperarla. Ella se ha quedado dolorida entre las sombras, sin rostro ni rastro. A lo fidedigno, su cuerpo se ha hecho anónimo, su sonrisa se ha esfumado entre los rosales. Y por supuesto, Siete Por Tres la llora, sucintando así a los mismos suyos, todos ellos quienes han sido humillados y quienes aún son vapuleados por los tráfagos del desplazamiento forzado.

Menos mal, Ojos de Agua aparece entre las carpas de plástico. Ella es una forajida que trabaja como voluntaria para los marginados. Desde su corazón, respira bondad y se la da a quienes tanto la necesitan. Ella no duda en actuar por el bien, lo hace por el puro amor. En sus intenciones, hay voluntad por lo solidario. Le ofrenda auxilio a esa gente del campo, les suministra bebida con algo de comida. Fuera de su altruismo, la misma dama es quien cuenta esta odisea, la susurra entre quejidos. Cuando en secreto, Ojos de Agua se va enamorando de

Siete por Tres y juntos se van compenetrando con parsimonia. De a poco, se dedican confianzas. Según la caída de los soles, ambos comienzan a soplar sus ocurrencias, las comparten de modo convincente. De vez en cuando ella vuelve a su yo; decide sentarse por ahí para ponerse a escribir el diario suyo. Por eso subyace lo impactante en la historia. Y uno en su presente, la ausculta con proximidad, uno va leyendo sus mortificaciones, lo que la lastima como mujer y a lo hondo, su congoja, la falta de ese ser querido, pedido a gritos y que ella siempre sueña tener entre sus brazos.

De acuerdo con esto íntimo; por algo fue que la profesora, Luisa Ballesteros, profirió lo siguiente:

En esta novela, como en las demás, Laura Restrepo pinta las tragedias colombianas, conmoviéndose siempre por las personas que sufren, lo cual forma parte de su sensibilidad. (2012, p.35)

De este modo; nuestra novelista bogotana, gesta un libro sobre la violencia en Colombia, donde adentra un romance, que trascurre entre la miseria con el llanto. Consecuentemente, ella pone a relucir a los seres abandonados según como después, cobija algo de amparos para ellos. Su sentimiento de mujer además está ahí irrigado a exuberancia, muy cristalizado en sus hojas escritas, que traslució con probidad. Por tanto lo escuchado y consabido, su feminidad de poetisa, le pone a la precariedad un poco de esperanza. Pese a las humaredas, despierta las ganas afectivas entre los dos protagonistas, quienes resoplan allí algo de suavidad. A lo inesperado, Laura Restrepo hace brotar varias insinuaciones de dulzura para la pareja protagónica, unos de sus encuentros son apacibles, los cuales generan desahogo a sus tragedias. Fuera de todo, se ve mucho amor entre estos pobres, afligidos y desataviados. Con cuidado ellos se van congregando en lo fraternal, juntos aplacan sus lágrimas, se riegan afectuosamente entre la sensibilidad. A pesar de todo, pues ellos subsisten de forma benigna, entre esta guerra de los poderosos. Y ella, quien narra con sus oraciones, pincela lo cruento que sucede por las montañas del Tolima. Esta mujer, exhibe una metáfora de sentimientos con esas hojas, llenas de coraje. Dice lo que tiene que impugnar, sin excederse en tantas peculiaridades. Es concisa con el tema de la guerra rural, ella relata lo que observa como los retumbos que oye, demuestra además como aún marchan las movilizaciones guerreristas. Esto lo expone sin ser amarillista ni excluyente para nada, describe los espacios con adecuada parcialidad, sopla lo que a sinceridad pasa por entre el monte. Aparte, las diferentes voces se entrecruzan y suenan como sinceras revelaciones, ofrecen una visión fuerte de esas afueras campestres. Desde dichas prosecuciones, los testigos pues tocan los desencantos del hombre sanguinario. Así este trabajo periodístico, me permite sopesar las secuelas que deja la maldad, la politiquería con las metralletas. Ciertamente, porque hay en la novela, *La Multitud Errante*, una narratología compleja, surgente entre la indagación sobre la novelación. Juntos dinamismos fueron elaborados entre sus vínculos, asiduamente y en subida le dieron mayor vitalidad a los hechos recreados. De tal manera, se consigue discernir la guerra en Colombia sobre sus repercusiones, muy a lo notable. Y efectivamente por medio de estas fusiones creacionales, gesta en investigación con literatura, resulto que pueden representarse las novísimas tendencias de los orbes, con mejor preponderancia.

Igualmente como ha opinado, Darío Villanueva:

Los cambios de estructura del mundo y la manera de ver el mundo, condicionan cambios en la trabazón de la novela. Prueba de ello puede ser la presencia de nuevas formas en obras rigurosamente coetáneas en cuanto a su elaboración y publicación. (1994, p. 18)

Entre tanto, uno en la escritora Laura Restrepo, infiere su escritura libre, tiende por complemento a ser novedosa la manera como concibe su expresión. Son variables los refrendos que propone con sus palabras. De solución en este clásico de literatura, deduzco esa intolerancia por parte de los grupos armados. Allá se respira la sangre con la muerte a cada rato. No retoña la primavera y sí permanece la indignidad. Está además mostrada la disyuntiva sobre el poder. Y claro, allí inmersos en el conflicto, se hallan los desplazados. Por lo tanto a trasfondo, aquí puedo juzgar los fracasos del hombre, él cuando emprende la injusticia con esa matanza indiscriminada, son bastos aquellos seres que prefieren tener haciendas y tierras a costa de masacres. Ese yerro, rebaja desde luego el uso de razón y para lo peor estimula el instinto bestial. Los dictadores, resultan con sus muchas propiedades, pero se les ve la desidia para ejercer la moralidad. Aumenta asimismo nuestra pobreza entre la orfandad. Fuera de tal acabose; la milicia afecta a los inocentes; la batalla destroza a los jornaleros, se les impide seguir con su progreso de hábito trabajador, lo cual es sembrar el campo, darle empuje a la agricultura.

Por lo aquí declarado, creo la obra, *La Multitud Errante,* como una obra de periodismo narrativo y ella evocadora de situaciones históricas. A lo feraz, recuenta las principalidades del siglo veinte para Colombia. En verdad, tal apreciación no la podemos excusar en este trabajo ensayístico. Veo en lo contextual, las tradiciones propias de los campesinos, quienes suenan sus diferentes modismos, salen a relucir los pasados de sus quehaceres. Son recordadas además las noticias que afectaron a nuestro país, tales como las luchas entre los partidos políticos. De aprobación, por algo será que Damián Garay escribe:

> *La multitud errante es un de las novelas que trata el tema de la violencia bipartidista sin caer en la crudeza de los hechos o someterse al sesgo infértil de la literatura panfletaria dándole cabida a las contradicciones de la*

condición humana que va muy bien con la ambigüedad de la literatura. Por tal razón y por la fuerza de su estilo narrativo, es preciso acercarse a las páginas de este libro, que garantizan por poco, unas cuantas horas de peregrinaje errante por los pasillos de nuestra historia y los fantasmas que aún hoy la persiguen. (2010, p.2)

Ante esta posición exponencial, cierto entonces, reaparecidas están las refriegas entre los liberales contra los conservadores, aquellas disidencias pesadas resuenan durante la historia novelada. Se acontece así la época de la violencia, que nos puso en vilo por muchos años, bajos sus delirios, aquí en el país. Ya luego acontecen los otros devenires bastos como austeros de los desplazados. En lo espacial, tales hechos, representan las transiciones sabidas para nuestro territorio colombiano. Ello obvio, nos expande las perspectivas de cara con nuestra generación moderna. De manera inevitable, quedan pues viéndose los inocentes, afectados por la guerra. Lo escritural de tono resonador, condensa los años ochentas y los expresa desde lo campestre, por lo mucho atronador. A sollozos, la narración abre una brecha entre el terror y las bombas, para resucitar a los despatriados y desde luego, allí aparecen varios recuentos de vida, los cuales se enlazan entre los labriegos con sus familias, forjando así lo novelesco. Debido a tal lucidez, entra en concordancia esto que dice, Albert Chillón:

> *Tal como hemos ido diciendo, la novela realista de ficción, la prosa literaria testimonial, la narrativa científica y la escritura periodística son facetas distintas pero conexas de un mismo fenómeno cultural y comunicativo de gran alcance; la nueva sensibilidad realista característica de la época moderna, puesta de manifiesto en la necesidad de elaborar y recibir productos culturales capaces de captar y expresar las palpitaciones de los nuevos tiempos.* (1999, p.107)

Así que la literatura de Laura Restrepo, apuntala lo humanista para este caso nacional. Por ser una escritora seria, ella deja a un lado las mentiras, más invoca la imaginación con el realismo. A partir de la visita que hace a un albergue de refugiados, la creadora literaria, asimila lo duro que esa gente sobrelleva. Divisa la escasez de recursos, los cuales casi ninguno posee en vida. Aparte, descubre como varios de ellos, llegaron a esa choza de auxilio con dificultad. En tanto a sus pesquisas, Laura toma notas de eso rudo, que allá percibe a indignación; escucha a los otros suyos, se relaciona con esta situación sociológica, entraña las problemáticas de nuestra región andina. Y humana, ella se pone ya con tiempo a narrar su reportaje contemporáneo, tañido de novelística. Por medio de sus iluminaciones, conjuga lo periodístico con lo creativo. A ética, infunde aquellos presentes, que de algún modo escuchó y hasta trasegó por entre las montañas. Pues las nociones de todos esos hechos, se conciben como si fueran palpables. Desde lo cognoscente, Laura Restrepo, recrea lo popular con fervor. Lo visionado lo expande a través de su lenguaje, ella retrotrae las costumbres oriundas de nuestros pueblerinos y las plasma con lindeza. Eso uno lo avista en su discursividad. Describe las alboradas de navidad, señala luego las campañas bipartidistas. Hay en su consecuencia; una variedad de costumbres acordes con nuestro pueblo tradicional, lo cual ofrece exactitud sobre lo que se está contando de émbolo con los protagonistas. Tal vínculo, así le da sinceramente más relevancia al escrito en su generalidad. En tanto; gracias al ímpetu suyo y gracias a su inspiración, ella consigue entronar con estruendo esta historia novelada.

A propósito, la maestría de Laura como periodista es ya madura. Ha producido más de diez libros literarios. Varios son por supuesto de corte periodístico. La mayoría de ellos son asimismo canónicos para las letras colombianas. Entre los cuales están resaltados; *Historia de un Entusiasmo, Delirio, Demasiados Héroes,* entre otras obras. Ya bien por sus creaciones a lo largo de su vida, ella ha procurado un activismo constante con el periodismo. Asevero que entiende como mujer el compromiso que tiene para con los muchos lectores suyos. En lo particular, uno vislumbra la entrega suya por los libros, para la mejoría cultural, por los derechos humanos, pues como Deborah Potter enfatiza:

En una sociedad libre, los periodistas no sólo tienen sus propias garantías legales, sino también responsabilidades. Para mantener informados a los ciudadanos, los periodistas tienen la responsabilidad de proveer información precisa y presentarla en forma imparcial e independiente de influencias externas. (2006, p.2)

Entre tanto; yo concierto de que Laura Restrepo, tiene este ideario claro. Ella responde siempre con pruebas y no con evasivas al país actual. En la presentación vocal de los errantes, hay alegatos que conceptualizan la filosofía existencial de la escritora. De manera ostensible, se siente como Ojos de Agua, critica ese desconcierto, dama quien es templada y quien se asemeja a Laura Restrepo, pues no se queda callada, defiende con gestión a los suyos. En consecuencia; los perfiles de ambas activistas, me ponen a pensar cuán resurgente es el periodismo literario. Lo atiendo como arbitrio impulsador para el beneficio popular. Al ser penetrante, amplia las panorámicas del discernir etnográfico, nos ayuda a interrogar las causas sociales. De hecho, siempre que sea acordemente llevada la indagación, puede generar eficacias notables. Desde que haya responsabilidad, permite este saber desentrañar las artimañas que antes estaban ocultas. Entonces, ello nos impulsa hacia la sensatez con la equidad. Por tal motivación, toca que refundarlo, el hacer periodístico con el literario. Además mediante nuestros esfuerzos, los periodistas debemos mejorar su desarrollo constructivo. Desde lo moral, logro descifrarlo como un deber para uno mismo como para quienes pretendemos ser más que reporteros.

De este modo, defiendo la obra literaria, *La Multitud Errante,* como una novelación profética, pues nos descubre sobre nuestra imperfección. Esta, manifiesta como somos de reprobables y por lo tanto en verdad, deja insinuadas varias renovaciones para el ser humano y su sociedad. Expone las refracciones del campo con familiaridad. A trasfondo, desarropa lo enfermizo del hombre, habla del abuso contra los seres indefensos, resuelve además como la soberbia con las armas, deja sólo tragedias y suciedad. Ya su abstracto, fiel nos acerca a las dolencias que padecemos por estar nosotros entre las enemistades. Sin despistes ni supercherías, la novela de Laura Restrepo me ha puesto la cabeza en tierra, susurra que los afectos andan pésimos, desde el asesinato de Jorge Eliecer Gaitán. A manera sucinta, recrimina las desfiguraciones que tenemos en las regiones colombianas. Hace ver como lo político se ha deteriorado. Para el caso, leamos a la maestra en letras:

Andaban montados en tragedia mayor pero nunca quisieron entenderlo así, ni Matilde Lina, la lavandera de Sasaima, ni el niño del veintiún dedos. Mientras los demás padecían hambre, ellos vivían olvidados de comer; la tristeza y el miedo no encontraban en su alma paja para tejar rancho; la desolada noche fría les parecía noche y nada más; la vida despiadada era sólo la vida, porque no ambicionaban una distinta ni mejor. Los otros lo habían perdido todo y ellos nada, porque no se pierde lo que nunca se tuvo ni se quiere tener. (2001, p.34)

Así con horror, los seres oriundos del Tolima van siendo exprimidos, muchos hasta llegar a la necrópolis, más entre sus desencantos, los otros suben las lomas con sus fusiles al hombro. Y en lo presencial todo esto bronco, se da por esa ambición tan disparatada por quedarse con el poder materialista. Muchos prójimos, codician las puerilidades a costa de matonerías y no resucitan en ser honestos. Realzado lo orgulloso eso tirano, los empuja a perpetrar esos atentados de voracidad. Dizque en este país los cilindros van por los cielos y los tanques van a pleno atropello estrepitoso. Así lo descarnado, se ha abultado entonces con detrimento en nuestro territorio nacional. Menos parece no haber arrepentimiento para la mayoría de milicianos, las asonadas siguen siendo drásticas. El mal a la vez no cesa, tras lo peor, retrotrae mayor destrucción. En la medida del revoltijo, Laura sopla su versación frente a las susodichas situaciones, que en vida corea con gravedad. Desde sus plumazos, pone a discrepancia eso execrable que se ha truncado con las manos, allá en los montes de la guerra. Por reacción ella con oposición a la violencia, propone un alto al fuego, que cese la criminalidad. Y mediante lo asertivo de su trabajo, ella le ofrenda con su fuerza de mujer, perrenque a lo justo así como concede atención a los menospreciados.

De concordancia; aquí ajusto este planteamiento de Ryszard Kapuściński, que advierte sobre el perfil del periodista:

Creo que para ejercer el periodismo, ante todo, hay que ser un buen hombre, o una buena mujer: buenos seres humanos. Las malas personas no pueden ser buenos periodistas. Si se es una buena persona se puede intentar comprender a los demás, sus intenciones, su fe, sus intereses, sus dificultades, sus tragedias. Y convertirse, inmediatamente, desde el primer momento, en parte de su destino. Es una cualidad que en psicología se denomina empatía. Mediante la empatía, se puede comprender el carácter del propio interlocutor y compartir de forma natural y sincera el destino y los problemas de los demás. En este sentido, el único modo correcto de hacer nuestro trabajo es desaparecer, olvidarnos de nuestra existencia. Existimos solamente como individuos que existen para los demás, que comparten con ellos sus problemas e intentan resolverlos, o al menos describirlos. (2002, p.38)

Ya claro frente a este ideal teórico, yo descifro cómo estas habilidades las emprende Laura Restrepo en su vida y veo en lo interpretativo, que las muestra con disposición prosaica en su novela. Desde la templanza, se esfuerza por ser trasparente. Aunque a veces, sea un poco presuntuosa, su bondad puede más que los belicosos. Ella, por ser mujer con sabiduría, pone a relucir la verdad de este cementerio que aún lloramos, entre las tempestad de los estruendos y las personas desarrapadas.

Más por consiguiente, su musicalidad de párrafos narrativos es notable. Decaen las piedades entre los trasnochos. Fuera de los sustos, flota la querencia entre los pobres, Siete por Tres y Ojos de Agua, quienes se tienen afecto. Ellos evidentemente bajo los atardeceres, se acompañan con agrado, bracean sus personalidades como prefiriendo hurgar en sus enigmas. Por ahí susurran algo de sus intimidades, pero no son capaces de sincerar todo de una sola y menos cuando están ruborizados. Dejan los madrigales al deseo, ellos sólo ensueñan a sus romanzas. Natural bien, la dama es recatada, por lo cual bota algunos pretextos y acalla sus clamoreos hacia el hombre. Para lo mejor suyo, toca las inquietudes actuales. Así que ambos, retornan a lo yermo de sus presencias y según lo seguido, concuerdan en lo que profesan sobre la vida, se oyen a lo vocal y refunfuñan contra la opresión tan áspera, la cual en su mundo, los fustiga.

Tras lo tal apreciado, uno resiente como el neoliberalismo contagia hasta las provincias de Colombia. Por las malas, van asomando los tractores con los pistoleros. De traspaso, comienzan a arrasar los cultivos y parcelas de las fincas. Sin detenerse a recapacitar eso que perpetúan, lo mayor natural lo destrozan los guerreristas. Así a lo largo del manuscrito, diviso una irrupción de tiranía por las malas con las escopetas y mientras tanto a lo horroroso, un montón de haciendas, quedan en llamas. Luego allí adentro en las chozas, muchos cafeteros y campesinos, son incinerados. Sólo huye quien corre a tiempo para irse lejos sino se lo come la hoguera, ya que le quitan de esta forma los terrenos a los granjeros. A ellos, poco o nada les queda entre las manos, dañan hasta sus decencias. Es pues férvida, Laura Restrepo con sus anotaciones realistas. Por ejemplo, aquí pongo esta parte del reportaje novelístico:

Viendo el caso irremediable, los rojos de Santamaría le dijeron adiós a su tierra, mirándola de lejos por última vez. Improvisaron caravana a avanzaron hacia oriente, desharrapados, fugitivos y enguerrillados, con la muerte pisándoles los talones y la incertidumbre esperándolos adelante, y siempre presente al acoso del hambre. (2001, p.31)

En cuanto al caso preciso, manifiesto que este pasaje es todo tremendo. Recorriendo el pasado, la narradora ahonda en esa travesía de hombres, madres y niños, rumbo hacia nuevas tierras. En tanto como periodista, ella consigue declarar la adversidad de este pueblo afectado, debido a los golpes que reciben en sus cuerpos, junto a las heridas emocionales que soportan hasta el máximo de sus fuerzas humanas. Más por aquellos ayeres, lo suyo lo impacta con nuestra actualidad. De hecho en verdad, uno ahora atisba a los campesinos andando por los centros ciudadanos, varios pidiendo un poco de comida y otros limpiando vidrierías en las tiendas. Así las afueras están atestadas de desplazados en las calles urbanas. Ello se ha vuelto un lugar común en las capitales colombianas. Así que por eso nos corresponde escribir los textos crónicos, con los conflictos que nos conciernen, para así fomentar las causas justas.

De otro aporte, puedo acervar que el libro de los errantes es periodismo literario. En materia es temático como certero, deja visos de agudeza. Por algo será que David Randall comentó:

El fino instinto informativo, consiste en saber cuál es una noticia interesante y cómo entresacar los aspectos informativos esenciales de un batiburrillo de datos. En otro sentido sirve para ahorrar tiempo al no investigar asuntos que no quedaran en nada. (1999, p.6)

Sobre lo cual cierto, Laura Restrepo alcanza su claridad, porque no se extiende en pequeñeces ni en redundancias y sobre lo mejor en reportería, ella densifica sus averiguaciones con rigurosidad. Prescinde de la resignación y se preocupa más por el sopeso de lo que afrenta. Por eso y por regeneradora, me sé en la obligación de abogarla y felicitarla. Su denuedo revela a una mujer entregada a la causa libertaria, pone en denuncia los crímenes de lesa humanidad, los reprueba con legitimidad. Ella se envalentona contra esos horrores de la violencia rural. En diligencia es firme su trabajo periodístico. Por la mejoría social, da este alumbramiento del arte literario. A fuerza con sus letras, promulga arengas de fervor, las exalta y nos convida al movimiento del amor. De hecho, por aquí trenzo otro segmento de su novela, para que bien la asimilemos:

Cuando Siete por tres hizo su primera aparición en el albergue, transcurría una de esas tardes recargadas y húmedas de agosto en

las que el planeta se niega a girar. Los golpes en la puerta a duras penas disiparon el letargo que soplaba sobre el patio, y al levantarme a abrir resentí el peso de mis pies, abotagados de calor. Poco se veía del recién llegado, envuelto como estaba en su ruana calentana, con un costal a cuestas y un sombrero de fieltro calado hasta las cejas. Lo hice seguir y le ofrecí un asiento que rechazó, dudoso entre permanecer o dar media vuelta y salir por donde acababa de entrar. Fue entonces cuando le pregunté el nombre, lo dejé buscando a Matilde Lina en los libros de registro y me fui a llamar a la madre Françoise, quien por ese entonces era directora general de este refugio de desterrados al que yo le dedico mis días.
(2001, p.79)

Ya tras la lectura, recojo a esta república partida en varias pesadumbres. Así como el jornalero va por la soledad, sus mismos anhelos se abruman a lo tormentoso. De una vez; por lo que este Siete por Tres camina en el monte, uno imagina las veredas enlodadas, sin prosperidad. Las fiestas patronales, van siendo arrasadas por el esnobismo barato. A fuego fatuo, llegan los guerreros con tractores para aplastar lo que no es de ellos y para ponerse a excavar minas entre fosos de petróleo. Mientras tanto, Siete por Tres con sus otros inocentes, deambulan hacia lo desértico, ellos andan hacía ningún lugar y por muchos senderos áridos. Estos hombres de poncho, van buscando algún asilo donde poder cobijarse de los tiroteos y mucha gente va corriendo por entre los pastizales, siempre con tal de salvar sus vidas. Menos mal, resisten las mujeres como Françoise y Ojos de Agua, para meterle dignidad a esta población. Ellas mantienen activas al servicio del bien, buscan la ley con sus devociones, preparan agua de panela con queso y se la beben con estos compadres. Así por lo general, todos ellos se hallan en un país farragoso, hecho de claros y oscuros. Menos, sigue lloviendo en las montañas penumbrosas, allá donde casi no hay ni cabildos en los corregimientos, ni nada de palomas blancas.

Por tanto lo visto en esta historia de errantes, Laura Restrepo alcanzó a elucubrar una novela con nociones de reportaje. El panorama como consigue ilustrarlo, se entremezcla con la auténtica realidad. En lo subjetivo, aturdió mis sentidos, yo respiré ese ambiente; leí los pesares de los forajidos, estuve aquí y allá en esa llanura de calenturas, donde hay niños y mujeres, quienes se dan aliento para mitigar a la adversidad. Por derecho, ella trabó charlas con las personas involucradas en esta guerra. Sinceramente, percibí la personalidad de los jóvenes. Ellos se muestran abatidos, ponen a rebotar su jerga al hallar tantos desastres en sus tierras. Después, ya más grandes, les toca salir corriendo por los linderos con sus seres queridos a medida que el crepúsculo cae entre los pastizales. Sin rumbo fijo, salen como huyendo de la muerte. Hay entonces varias fijaciones coherentes con nuestra vida. Cada circunstancia, tiene un desenvolvimiento recíproco en torno a lo creíble. Las informaciones presentadas, son además inherentes a nuestro pasado nacional. Estas tienen explicitaciones únicas sobre la manera como aquí el común de la gente se comporta. Pocos seres son decentes, los unos van detrás de campañas electorales mientras los otros van armando la exacerbada anarquía, sin tolerancia ni inteligencia. Por lo cual; sé en lo textual; una recolección de información periodística, acercamiento con los aldeanos y un suscitar libresco.

En consecuencia, siendo subjetivo, quedé sacudido por esta historia, me supe hasta lo hondo conmovido, porque capté el horror y luego porque consentí un poco lo amoroso. De otro resoplo, la modificación de tradiciones es fuerte, uno eso lo va encontrando a través de la novela. Varios pueblos son borrados a tronadas y por necesidad, van naciendo nuevas rutinas de vida. Hay así en evocativo, un tirar de narración que supera cualquier discurso abigarrado. A encierro, doy ilación a este escrito con aquello dicho por Anuar Saad, lo cual es cristalino:

La vigencia del Periodismo Literario está exenta de toda duda en tanto que es cada vez más visible el interés de los medios de comunicación escritos por mostrar trabajos con un alto contenido en su narración. La preocupación estética respecto al desarrollo de las historias es cada vez más creciente, y de allí la proliferación de revistas especializadas donde son visibles el esfuerzo y la puesta en escena del ingrediente literario. (2011, p.15)

Ya esto en circunspecto, sí subsiste en los trabajos escriturales de Laura Restrepo. En sus páginas, se sostiene la calidad lingüística, perdura su lucidez aclaratoria. Derrama ella las retrospectivas traslúcidas del trabajo literario con sus exploraciones. Para lo más creativo, ella casi siempre engendra la plasmación del periodismo con la literatura, su expresividad es muy catártica. Con vigor, vibra hacia la lindeza, nos trasboca varias efusiones de limpieza. En aura, da impulsos de cambio coetáneo a lo social. Esto, porque ella busca las sospechas y procura demostrarlas por medio de su trabajo como periodista. Desde la experiencia, recoge sus indagaciones y las ordena con maestría. Cuando en verdad, ella luego a pasión, vierte un cúmulo de torbellinos, combinados con alguno que otro designio de rescates socialistas. Así superándose, se dedica en carne propia por sus andinos. Sin ninguna renuncia, ella actúa con tal de apoyarlos en sus causas. Fusiona al efecto lo comunicacional con su poética, le pone intensidad a las cosas que va conociendo por medio de esa inspiración suya. Llega hasta al auge de intuir texturas entre paisajes y chozas, las cuáles van definiendo el espacio habitable, donde está sumergida la gente de los campos, aquí en el Tolima. De seguimiento, ya construye sus tradiciones de paso con las novedades que van teniendo ellos. Fuera de esto formal; ella profiere las cronologías con una implicación contundente; habla de las gentes perjudicadas, más las junta con la situación democrática como política de ese tiempo.

Para mayor registro, tal como apunta, Laura Restrepo:

Esquivando las garras del sargento Moravia, unas familias huyeron por escarpaduras donde apenas se podía apoyar el pie; otras lo intentaron dejándose venir por la montaña hacia abajo, forcejeando contra el reclamo del abismo. Perpetua, que con sus hijos buscó escondrijo en la espesura, no supo cuánto tiempo permaneció agazapada y haciéndose la delgadita, agarrotados los miembros y el oído embotado por los latidos del corazón, sintiendo o creyendo sentir el paso del enemigo por encima de su nuca y soltando muy despacio el aire para no delatarse con el sonido de su propio aliento. Mucho terror debió correrle por el cuerpo antes de que se atreviera a averiguar por los demás. Entre el barro amasado con sangre encontró unos vivos, otros muertos y otros idos: refundidos para siempre por el ancho mundo. (2001, p.43)

De este modo, se afirma con ello el fragor que golpea cuando hay violencia y a la vez se reconoce como padece, la multitud desterrada de la guerra. Así entonces en su pleno ejercicio, la escritora fija las dificultades que afectan al país y a brío de puño literario, presenta el por qué de esta hecatombe rural.

Hacia lo otro conjugado, su voz de mujer es como el vino añejo. Ella con los años, se ha hecho cada vez más decorosa. Por lo talentosa, Laura innova temperada originalidad con su estilística narrativa, uno la presiente a preferencia con determinadas palabras suyas, pone sus estocadas de frases con la debida altura. El lenguaje que combina es solevantado, las corazonadas adivina cuando tiene que ataviar la enunciación, lo suyo lo albura a fiebre sobre su gran sagacidad, da en la energía de nuestra emoción humana. De mayo cohesión, las variaciones tónicas, las orienta con orden intensivo, su pulso lo manda seguramente adiestrado. Por la misma necesidad, aquí leámosla:

A punta de pasar tiempo y de no comer,
enflaquecieron los hombres al pie de la malla.
Las mujeres de las empanadas alzaron con sus

canastos para ir a vender a otra plaza y las niñas solteras dieron en soñar más bien con militares o con buscadores de esmeraldas. Hasta el ánimo inquebrantable de Siete por Tres presentó señales severas de descreimiento y de fatiga, como esa noche aturdida que tanto habría de pesarle en la conciencia, cuando invirtió el último billete en una parranda de ron blanco, le regaló la blusa de encaje destinada a Matilde Lina a cualquier puta joven de sonrisa honesta y tras una hora de amor, le encimó la medalla. (2001, p.7)

Según lo anterior, ella alcanza a formar estética sobre lo aquí tocante de la narrativa, le pone tonalidad mujeril a las pronunciaciones, juntas vibran recargadas de amor a la humanidad, reverbera ella la esperanza donde los pobres están suplicándola. Por efecto a pujanza, infunde una profusión de suficiencias visibles, que a uno lo dejan enardecido. Sin ser grosera, ella me llevó hasta los atolladeros de Tora, donde las madres y sus jóvenes andaban metidos entre los disturbios. Después a loma, ella promulgó el ideal comunero y veló por Camilo Torres. De semejanza, me paseé por los valles donde la suavidad de una mujer puede más que esta devastación tan obnubilada. Así que sus vueltas, según creo, las culmina con pulcritud.

Definitivamente, la escritora tiene habilidades para su vocación con las letras. En propensión, busca los trasfondos de las declaraciones y las noticias. Además hace estudios exhaustivos de las transiciones que han sucedido en los sectores rurales, ya sea del Tolima como del Huila. En tanto, su emancipación expresiva alcanza las dimensiones periodísticas. Cierto, porque su exploración es convincente como demostrativa. En la literalidad de ella; uno contempla el fervor que exhorta por el bien, por la dignidad del hombre con el otro hombre y la mujer, sin tener ninguna distinción de etnias, ni represiones capitalistas, lucha por la paz con su literatura. Debido a lo obrado, queda ese trabajo suyo circunscrito en las concepciones epistémicas y ontológicas. De hecho como el mismo Otto Morales, sostiene:

La trascendencia de la obra de los periodistas, se amplía cuando nos percatamos de la observación que han formado los expertos: son los nuevos relatores de la historia. De la manera como escriban y cuenten, depende parte fundamental del juicio del futuro. No es una apreciación caprichosa. Para esto, basta que observemos como las hemerotecas tienen cada día mayor audiencia y los investigadores nos vemos subordinados, en multitud de ocasiones, a solo hallar allí, en las páginas amarillentas de los diarios, el dato primordial para armar una teoría social; esclarecer modalidades de la vida popular; dilucidar las evoluciones del pensamiento en los juicios políticos; descubrir que el batallar colectivo obedece a unas reglas impuestas, en multitud de ocasiones, por las interferencias internacionales. (2007, p.38)

Entre tanto, sobre esta complejidad, la obra de Laura Restrepo abarca ciertamente un periodo histórico de Colombia. A partir de los dos protagonistas, uno reconoce como va dándose la trasposición rural como campesina. En hondura, ella retrotrae varios fenómenos culturales, las mismas usanzas van mutando a medida que van trastocándose con el correr de los años, debido a la violencia. Hay a propósito, unas voces auténticas que testifican aquellas catástrofes presenciales. Por lo inmediato; Laura realza la envergadura de su literatura con los fundamentos del reportaje; tales como la entrevista, el reconocimiento de los lugares, la investigación profunda y todo esto serio lo hace con valentía, para mejor concebir sus novelas y relatos sociales. Lo suyo esforzado, así lo consigue a punta de sacrificios y estudio riguroso. Con resultantes de caso, orienta cada enseñanza sucinta que relumbra. En ser, ella nos sitúa de frente al resucitar diligente. A rectitud, se dedica para quienes creemos un mañana si quiera más habitual. Por eso con conocimiento de causa, ella nos llama al amor sagrado, el cual está con quienes son menospreciados y hasta escarnecidos. De respecto, como ha sugerido, David Randall:

> *Un periodista no debe sentirse comprometido con nadie ni nada más que con su trabajo; ni con partidos políticos, fuentes, intereses empresariales ni con ninguna otra causa particular, por muy meritoria que sea. Porque realizar un periodismo ecuánime es bastante difícil con esos conflictos de intereses.* (1999, p.213)

Esto así ahora sobre lo situacional, lo tiene claro Laura Restrepo, quien procura manifestar los valores fundamentales de la humanidad y quien además en su gesta de mujer, defiende las causas nobles. Por tal desempeño, se aprecia el contacto humano de ella con los congéneres menospreciados. Con firmeza, lucha por esta gente, por sentimiento pone atención a dichas vivencias. Departiendo con ellos, Laura consiente lo que sucedió a horror en sus villorios, lo que pasó entre sus juventudes, demás lo cuenta siendo cuerda. Desgaja aquel pocotón de mentiras mantenidas por los traficantes y por el espectáculo. En su fuero de misionera, va linda al aguerrirse con templanza hacia el monte, prefiriendo estar con los otros suyos, para luego desenfundar su narración poética.

Adicional a este planteamiento, la maestra Liz Pérez, dice:

He entendido el periodismo como un proceso de construcción del conocimiento que se impregna del saber de la vida diaria, para hacerse una práctica cotidiana, lo que hace de él un proceso de posible dinamización en su creación, de generación de diferentes alternativas que responden a las realidades de las culturas en las que se inscribe. (2003, p.20)

Al tanto bien, por tales motivos, yo reconozco como la conceptualización aparece originada y realizada en el libro de los errantes. Con exuberancia, subsiste la afluencia cultural en las memorias que fueron allí descritas. Uno leyendo, percibe los movimientos de aquellos pobladores y después aprecia las calamidades a las que se vieron obligados, por los estertores guerreristas. En concreción, la escritora muestra lo real de nuestras cordilleras y laderas, abre los pastizales para enseñar eso estruendoso, que concurre entre militares contra disidentes, por sus fusiles y debido a eso indómito, fraguado a mal para mantener los negocios ilegales con los mercados privados. Ya en cuanto a ellos, los hortelanos junto a los cafeteros, se evidencia como les toca huir para hacer vida en cambuches o hasta en la intemperie de cualquier andurrial, estando debajo de alguna arbolada, yaciendo en el boscaje friolento. Así que por estos despejes, distingo a la dama en letras y a la mujer activista, preocupada por lo campestre y comprometida en vida con sus colombianos.

Para tal aserción, aquí tenemos otro rastro del viajero y sus acompañantes:

Entonces lo vi llegar, sacando medio cuerpo por la ventana de un microbús destartalado y cargado de cajas de comestibles, con su camisa de lienzo blanco y su cara iluminada por una sonrisa abierta, y rodeado por un racimo de socias de la Fundación Protectora de Animales de Tenjo, que ofrecían hacerse cargo de la alimentación de la caravana y de los setenta y dos desplazados que teníamos alojados en ese momento. Comandante en jefe de su pequeño ejército de niñas y de músicos, de curas y de doñas, nunca vi tan bello a Siete por Tres como cuando atravesó la puerta del albergue, primitivo, post-atómico y espléndido como un héroe épico, y caminó hasta el nicho de piedra para hincarse de hinojos ante su Santa Patrona. Era la hora estremecida del regreso, la entrada triunfal del hijo pródigo que reaparecía para afianzarse en lo suyo y defender su querencia. (2001, p.106)

Como resolución entonces definitiva, convengo en que los recuentos son como tal en su expresividad, reaccionarios y fuertes. Así mezclen las simbologías con la esfericidad del ambiente, la agudeza proviene del periodismo personalizado. Uno concibe erguida la identidad de cada personaje, saliente desde lo psicológico hacia el comportamiento entre agrupaciones, que allí hubo en el Tolima y en Colombia. De proveniencia, ellos son nativos y distintivos en lo autóctono, buscan rememorar internamente sus tendencias y las manifiestan de a poco en la realidad de sus tiempos. Eso sí claro, la escritora por su preferencia, ahonda en los sujetos humildes, los cavila con sensatez. Toda envalentonada, se pone a estimarlos en apreciación, repara sobre sus experiencias inexplicables y con ahínco, ella realza sus ternuras y los vislumbra a ellos, cuando enteramente acaba de recrearlos, por medio de su especialidad, la reportería en la novela.

Y por supuesto para cerrar, bien asevera el profesor Gamboa:

La interpretación de esta novela es que logra narrar la psicología de las víctimas, algo que muy pocas veces se logra en la narrativa de la violencia colombiana. (2010, Cátedra libre, Universidad del Tolima)

QUINTA PARTE
NOVELA INFRAREALISTA
ANDRÉS CAICEDO
QUÉ VIVA LA MÚSICA

En este escrito; ahora con intensa decisión, me arriesgo a filosofar sobre Andrés Caicedo. Lo compruebo en principio como un joven solitario. En la juventud de sus años vividos, se supo como distante del mundo. No soportaba la ciudad represora que habitaba de Cali, por eso mantenía inmerso en sus ficciones, quizá para trasformar un poco a los sonámbulos, quienes lo traspasaban como a un ser fantasmal.

Sin embargo en su lucha de artista, Andrés Caicedo, murió en el intento de pretender madurarse como hombre. Un día de marzo, resolvió acabar con su vida equívocamente por convicción, pudo más el desespero que su fuerza humana. Debido a ese modo pensante, su existencia apuró vertiginosa sobre sus tribulaciones. El artista, persistió sobrecargado de variadas alucinaciones con sufrimientos, hasta que estas interioridades lo desequilibraron, la pasó él por su preferencia entre los trasnochos y el mucho vicio, tocando las sobredosis hasta quedar muy rayado. Ese crecimiento por las callejas de Cali, lo devastó sucesivamente hasta la migraña y sin mayor aguante, Andrés Caicedo, se cayó bajo las sombras.

Entre tanto; *Qué Viva la Música*, su única novela completa, obvio es una demostración de su rabia contra la misma inclemencia suya. En parte, testifica como la toxicidad fue consumiéndolo hasta corromperlo. Por sinceridad, los años setenta los saca con la juventud, habla de sus quejas de sus debilidades. Con rudeza, nos presenta a la gente drogadicta de las rumbas. Declara como ellos andan en perdición. Bota a las hojas todo ese veneno que lleva adentro del alma, se toca por la psicología individual. A más tanto lo rudo, Andrés resulta siendo un escritor irreverente. De lo mejor, que han tenido las letras colombianas. Lástima su suicidio, que desgracia artística, porque bellas fueron sus letras y porque bella es la obra de este poeta, quien a lo sensible, fue trasparente en su entrega rediviva a la literatura.

Todo consagrado él, sin tergiversaciones ni ambiciones, pone desnuda a Cali en su gran novela. Desde la protagonista, María del Carmen Huerta, comienza la aventura de esta mona por el norte, auscultando las crisis de los ricos, allega en sus fobias y pasiones. A propósito, describe con calidad los sitios refinados por donde transita ella. Así la intima a la mujer en Cali. Además desde María, se cuenta la historia, su voz narradora, supura a solas la noche por donde canta ella, así como cuando bailotea las melodías, metida en las casas de fiesta al ritmo del rock, metiendo pepas y ella dándole cabida también al romance. Días después, la muchacha conoce un poco de amigos con los cuales viaja hasta arrimarse a los sectores sureños, va a rincones vulgares por callejera. Naturalmente, cambian los ambientes. De la elegancia uno se trasporta hasta lo rústico de esa ciudad. Por variedad, va quedando plasmada la pobreza estordida de los barrios más populares de Cali. Allí en vez de gomeladas hay rumbas de salsa con merengue donde termina asistiendo, María.

Hacia lo otro ambulante, la gente fuma cigarrillos hasta con marihuana. Fuera de que exagera la peligrosidad, arriman por ahí los gamines ofreciendo moños con yerba. Entre los despistes, igual roban a los ángeles inocentes, les quitan sus pertenencias y unos que otros pasan a matarlos.

Debido al crudo acontecer; el cual tiende a ser algo durable a lo tormentoso, concuerdo este libro como infrareal. En su generalidad es pesado, para la certeza, coloco aquí las palabras de Andrés Caicedo:

He aquí lo que yo pensaba: 'Lo puse nervioso, es capaz de salir corriendo', pero él hizo como una especie de quite, fue y se tiró en mi cama y allí se acomodó mal, forzando la columna vertebral y con respiración de asmático. Entonces sacó su agenda, de la agenda el sobrecito blanco, de mi mesita de noche un libro: Los de abajo, y encima desparramó el polvito y se puso a observarlo, olvidándome. Cocaína era la cosa que traía. Me estremecí, como maluca y con ansia, pero 'No —pensé—, es la excitación que trae todo cambio'. Yo había soñado con ella, con un polvito blanco (erótica, aunque referidas a una raquítica acción de fuerzas, me sonaban estas palabras) en un fondo azul, y luego con el polo Sur, y por allí navegando una barca de muertos. (1977, p.15)

Ya entonces de corrientazo para mí, la situación trastorna en lo perceptivo. A María y a su amigo

Ricardito El Miserable, uno los sabe adictos a la droga. Ese inframundo por comprobación es tremebundo. Ambos jóvenes, según lo alterados y tras lo excedidos, quedan alienados con la mente maltratada. Así que estos personajes acaban decaídos, pus a causa de las drogas, impulsan hasta unos actos desorientados. Empiezan por tener irritaciones, los va consumiendo esa cocaína, sienten que es muy fuerte. En la medida del tiempo, se complican llegando al éxtasis obsesivo. Seguida la noche, proceden a la rumba, sin ningún descanso. Por allí, se descuelga lo extravagante. Más el Ricardito perdura enamorado de esa mona, quizá porque ambos gustan de la música.

Sobre lo otro querido, la novelística es trasparente. Las coloraciones son fenomenales, los imaginarios ilustrativos me dejan impresionado. Cada personaje posee su actitud definida. Ellos se mueven en ese espacio, que fue recurrente para sus juventudes inolvidables. Ellos suben y bajan, huelen sus aromas. De las casas, luego pasan a las calles hasta los parques, les coge allá la tarde según el caer del cielo. Pero poco les importa, todo el frescor crepuscular los hechiza. Escogen entonces meterse María y Ricardito a más festividades. De a poco, suponen curioso lo desconocido, saborean primero el deleite y después experimentan la depresión. Así que una vez pasan los desvelos, la madrugada naciente los agobia, quedan ellos muy afectados con la rumba amanecida. Evidentemente aquellas memorias son así fatalmente de reales; por lo tremendas, le pegan a uno en el corazón.

A seguida intención, Andrés Caicedo esparce su alma en la narrativa, le impone todo el sacrificio al hacer inspiración con las letras. El escritor redibuja los abismos de la perdición, no calla ni una silaba de toda esa espantosidad. Debido a lo trasegado, poeta el Andrés Caicedo, adentra el arte para fugarse del terror que tan sordamente creía y evidenciaba como carnicero en este mundo. Aunque claro, las intimidades traumáticas, también consigue volcarlas al papel, lo suyo tiende a ser resurgente. Pone sin ataduras, su grito bravío sobre esa descomposición social. De alguna manera, él critica como la misma degeneración fue deteriorándolo hasta su muerte.

Por tales superaciones, *Qué Viva la Música*, para mí es la mejor obra de su tiempo. Lo literario que crea este caleño, aurea querencias sinceras, dan hasta ganas de llorar al novelista. Como dice las cosas son muy despiertas. Ello nos ayuda a cobrarnos más afecto y simpatía entre los jóvenes. Que por favor, siquiera seamos comprensivos con las pesadumbres de nuestros otros parceros. Además de estos reparos, sugiere como estaban y todavía como están los muchos padres y jóvenes, sin educación adecuadamente elevada.

Así entonces el artista, nos enseña los trasfondos sociales como políticos de Colombia con su último gran libro. Estos trances los identifica el escritor todos caóticos. Más llega a la gravedad del ser humano. Mediante afeamientos dolorosos, exterioriza nuestra imperfección, toca en los problemas mentales y muestra que por ello estamos desequilibrados. Propiciamente la inspiración que subleva consigue trascendencia. Sobresalta tanto el estado subjetivo como el colectivo de las juventudes. A efecto es gritadora, resurgente su novela, que es inolvidable. En acentuado conocimiento, tal como propone Edgar Allan Poe la escritura:

> *Aludo que la belleza constituye el único dominio legítimo de la poesía. Con todo, diré unas palabras para presentar mi verdadero pensamiento, que ha sido un tanto mal interpretado por algunos de mis amigos. Creo que el placer más intenso, más exaltante y más*

puro a la vez reside en la contemplación de lo bello. Cuando los hombres hablan de belleza no entienden precisamente una cualidad, como se supone, sino un efecto; se refieren, en suma, a esa violenta y pura elevación del alma -no del intelecto ni del corazón- que ya he descrito y que resulta de la contemplación de lo bello. Ahora bien, yo considero la belleza como el ámbito de la poesía, porque es una regla evidente del arte que los efectos deben brotar necesariamente de causas directas, que los objetos deben ser alcanzados con los medios más apropiados para ello; ya que ningún hombre ha sido hasta ahora lo bastante insensato para negar que esa peculiar elevación a que aludo se logra más fácilmente en la poesía que en ninguna otra cosa. (1846, p.3)

Derivadamente frente este postulado creativo, todo esto cierto, pasa también en la prosa poética de Andrés Caicedo. A pesar de que las historias son terroríficas, su modo de contar tiene dulzuras que conmueven nuestras juventudes. Como escribe lo hace con atrevimiento y de repente con preciosidad. Lanza levantamientos él de independencia. Así su narrativa alcanza la belleza emocional, colige tonos tremendos. Esto intensivo, claro lo logra, porque le pone intrepidez a lo que desenfunda con su fuerza gótica. Por medio de la protagonista, nos describe el emborrachamiento ciudadano. Grita maldita sea que Cali está corrompida y que está contagiada de inmundicia, por esos desboques acaba siendo peligrosa. Las rutinas cotidianas entonces las manifiesta con rusticidad, sombrea a la mayoría de personas frívolas, que giran pegadas a sus ambiciones superfluas. Ellos por ahí se hallan en sus modas como seducidos por las novedades. Además están los pelados violentos todos montadores, apareciendo de vez en cuando entre peleas callejeras. Aunque en otros sentidos, la mona reconoce sus esperanzas, salva las ocasiones con sus diversiones hermosas. Describe los cielos; los parques encendidos por donde ella pasea por Versalles junto a su amiga, María Ángela. Al cabo pues claro, te deja perplejo el rumorear de esta poesía, que hay en la Cali rumbera y bohemia.

Ya bien, toda la novela es melódica hacia lo musical. En lo cual posee versaciones rojas como agudas hasta duras. Lleva una armonía metálica según luego pasa a la euforia salsera. De algún modo van corriendo por esas vibraciones los acontecimientos. Estos pesadamente abundan en medio de trasnochos con encuentros rockeros, mientras los presentes, permanecen junto a la cerveza y el aguardiente. En crecida, la obra Andrés Caicedo la presiento muy sugestiva. Me gusta su estilo prosaico como lo que destapa de las afueras urbanas. De golpe, nos inquiere él de frente a la ciudadanía. Hace que veamos los suburbios sin engaños, preocupa las complicaciones de la delincuencia. Debido a lo suyo, impulsa este escritor lo resaliente con su literatura.

Conformemente la historia de María con Ricardito El Miserable, tiene nociones sobre la experimentación del mundo. Es el querer ahondar las calles, va de la adolescencia hacia los años desordenados de la juventud. Ya luego el amorío de ella con un gringo a quien conoce, Lepoldo Brook, toma empuje en la sensualidad. Ambos se gustan por las drogas y el rock. Aunque sí es claro, la vagancia con el tiempo, va dañando a María del Carmen, quien acaba como una amante de noches, incluso siendo hasta asesina.

Entre tanto, la narración abarca desde el terror, la excentricidad humana. Cuando uno menos espera, sobresale el pánico, se chorrea mucha sangre colérica, hay peleas de a puños y también delincuencia, donde caen varios muertos, las mujeres y hombres son insolentes. De manera que ese mundo refleja nuestras demencias, aproxima la maldad que persiste en nuestras cuadras entre los rumbeaderos nocturnos. Para la muestra, aquí les ofrezco un poco con la novela de Andrés Caicedo:

Vivía con ventana al Parque Versalles, amiga del menor de los Castro, que se disparó en la frente de vergüenza ante las humillaciones de un policía en Felidia; única amiga del mayor de los Higgins, aquellos ingleses enigmáticos, asmáticos, el que murió de locura, de hambre (no sentía hambre) y de insomnio (no sentía sueño); los otros, quedan tres, andan por allí desperdigados; me parece que se han vuelto peliadores. Era el Norte en donde los hermanitos de 12 crecían con los vicios solitarios que los de 18 recién habían aprendido y ya fomentaban, el Norte de los buenos bailadores, de los francotiradores de rifle de copas. Ya voy poco por allá, pero cuando me dejo descolgar, la gente que sé que es, me recibe bien. Aún así, me la paso esperando a que algún día se pierdan por aquí, por esta Quinta con Quince en la que vivo, conscientes, a ensuciarse de la grasita de la plebe y, camarada, yo sí los atiendo bien, vuelven a sus casas tarde, a luchar con mi recuerdo, ése que les obliga a prometerse que no vuelven más, a no volver el otro sábado porque si vienen a mí dos veces, acá se quedan. Y no hay entre ellos uno con la fuerza, el aguante, la prudencia y la ilustración que yo tengo para saber bandear esta vida de amanecida. (1977, p.21)

Es entonces severo lo allí relatado. Adquiere unas fuerzas azarosas aquel pasado, son desarraigados los desvelamientos, le pegan a uno en la conciencia. Esto comprueba la adversidad de sobrevivir en marginación. De conmoción tras estremecimiento, toda la confesión de María produce escalofríos; tiende inexorablemente a ser desaforada, lleva el recuerdo de la angustia suya y algunas ajenas en su alma. Debido a su saber por el recorrido mundando que ha tenido que superar, ella promulga esas desgracias.

En repercusión, lo suyo consta suspiros testimoniales, se la conoce a ella por escribir las peripecias que ha tramado durante su vida, la mona resulta siendo jodida y fregada. Por otro lado a trasluz, hay aspectos propios de la juventud de Andrés Caicedo, representados en las actitudes de Ricardito. Uno de a poco lo va descubriendo; la timidez, lo ansioso y la exasperación, se refleja en ambos seres más que imaginativos, ya que Andrés Caicedo se muestra algo espejado en Ricardito y Ricardito inventado desde Andrés Caicedo. Aparte, los amigos como Ángela, Armando El Grillo, Patricia Linda y el muy conocido, Edgar Piedrahita, hacen presencia en la creación compleja de su obra literaria. Todo en misterio, conforma un todo indispensable en esta novela del arte. Desde los cuentos hasta la novela, ellos van apareciendo de vez en cuando y se juntan y luego varios de ellos extrañamente van alejándose, para así urdir los dramas. Inevitablemente por esta trayectoria, la mayoría de personajes, terminan devastados bajo sus destinos fatales.

Más esto insoportable turba en sus juventudes, porque están las cuestiones en la recurrente ciudad de Cali, se desdibuja allí el mismo porvenir errático, ido en decadencia. Los callejeros, quedan descorridos por la intemperie y el vicio ahumado. Cada vez más hacia lo profundo, se van perdiendo estas personas hasta lo degenerativo. En este sentido, lo vociferado por Andrés Caicedo, toma lucidez de frente al amor traslúcido, metaforiza que por falta de este fuego aromado, nos lloramos como ángeles empantanados. Evidentemente este artista, sugiere como por el odio andamos de extraviados, nos da a entender asimismo la indiferencia existente para con los inocentes y los artistas. Por un lado ya personal, sumido en la cocaína, susurra que la viciedad nos destruye. En sus personajes, él predispone causalmente esta adicción enfermiza, por ese polvo, el cual no dejó de consumir y que hasta lo peor, retundió en sus depresiones, igual así pasó cuando se enamoró de una tal Patricia a la cual nunca pudo renunciar, sólo hasta su oscura muerte.

Entre más entre la angustia y las canciones; *Qué Viva la Música,* la consigue el escritor enfocarla sobre las aperturas culturales de los años setentas. Da a ver los encuentros con los cambios de vida que se fueron dando por las irrupciones de las nuevas tendencias y modas, para las juventudes. De tal modo yo considero que hay un estudio exhaustivo de la época. Hay en la medida ardua indagación, percibo rememoraciones provenientes de lo real. Sé los nombres de los protagonistas vivos, inherentes a su temporalidad. La relación entre periodismo y literatura, se halla entonces en la composición novelesca. El escritor caleño de una manera liberal, produce escritura desde las recopilaciones vividas, que consigue con sus allegados y amigos de la juventud. Escucha hasta a los vecinos y pronto anota los recuentos más importantes de ellos. En lo conforme encuentro en esta novela, ciertas vinculaciones con la reportería. Hay indagación y búsqueda informativa, fuera de que fluye su psicodelia relatora. Por tales motivos, aquí concierto una teorización del maestro Tom Wolfe, propia para este estudio:

Cuando se pasa del reportaje tradicional a esta forma de nuevo periodismo, tal como yo y muchos otros hicimos, se descubre que la unidad fundamental de trabajo no es ya el dato, la pieza de información, sino la escena, por el caso en que muchas de las estrategias sofisticadas en prosa se basan en las escenas. Por consiguiente, tu problema principal como reportero es sencillamente, que consigas permanecer con la persona sobre la que vas a escribir el tiempo suficiente para que las escenas tengan lugar ante tus propios ojos. (1977, p.43)

Así bien, discierno que estas nociones las tenía claras, Andrés Caicedo, saca él mucho de lo suyo a partir de sus experiencias juveniles, donde va conjugándolas con las aproximadas historias de sus amigos. Está con sus parceros y los pone rudamente a ellos sobre sus escritos y también en su obra, *Que Viva la Música*. La novelación de María del Carmen, suena a propósito desde lo personal, tiende a ser muy intimista, sale de las vivencias tenidas con ella. Por eso las exactitudes que narra Andrés Caicedo, cobran contundencia en el leyente. Estas provienen del mismo infortunio citadino. Más por efecto, logra este escritor desplegar toda su fricción infrareal, cuya relación va afectada con los pocos amigos suyos.

Sobre lo otro subido, la enunciación que desboca procura ser dinámica como torrentosa, no se detiene, va encaramándose en respeto a la vida, queriendo a fondo rescatar la dignidad humana. Tal idealización está por supuesto implícita en los dramas y uno al final lo descifra. Entonces, por haber contestaciones contra los abusadores como por haber recriminaciones, necesariamente acaban habiendo groserías en la textualidad. Aparece de total; una María incomprendida, queriendo desahogar sus resentimientos y afectaciones al mundo, quien rebota todos los horrores que ha tenido que soportar para seguir respirando en vida, para aún estar palpitando y existiendo entre la nocturnidad.

Fuera de ello, la experiencia de esta mujer, cuya belleza fascina, deja la enseñanza de que la vanidad como la fama, pueden traer perdición. Obvio porque sí, efímero es ese submundo de bailes con moda, girando ávido en función de apariencias, el cual sólo avanza tras sueños rotos, pero sin importarse sinceramente por los sentimientos del ser humano.

Y debido a lo sufrido, ella con madurez cuenta su historia de vida a modo de diario. Es bien esta la forma como Andrés Caicedo, piensa la novela, la narra desde una voz femenina quien resulta ser María del Carmen Huerta. Desde esa personalidad, salen las visiones del interior, todas hacia las afueras, que va recorriendo por sus experiencias inolvidables. Los pensamientos, lo que rabea, lo que llora, brota a la vez en las hojas con exaltación. Al tanto, sobreviene el vértigo, se percibe como la marea en nauseas, su psicodelia. Uno ya en los instantes, queda conmovido, por lo rizado de esa adolescencia en formación suya.

De querencia, para mayor compresión escuchemos a la rubia de Andrés Caicedo:

Crecería mi espíritu como un campo de margaritas en el césped negro de la rumba salvaje, terreno prohibido: el que arrancara una de mis flores para alimentarse y cobrar vigor en la bomba terrible, llevaría del bulto, a la fija. Música que me conoces, música que me alientas, que me abanicas o me cobijas, el pacto está sellado. Yo soy tu difusión, la que abre las puertas e instala el paso, la que transmite por los valles la noticia de tu unión y tu anormal alegría, la mensajera de los pies ligeros, la que no descansa, la de misión terrible, recógeme en tus brazos cuando me llegue la hora de las debilidades, escóndeme, encuéntrame refugio hasta que yo me recupere, tráeme ritmos nuevos para mi convalecencia, preséntame a la calle con fuerzas renovadas en una tarde de un collar de colores, y que mis aires confundan y extravíen: yo luzco y difumino tus aires, para que pasen a ser esencia trágica de los que ya me conocen, de los que me ven y ya no me olvidan. Para los muertos. (1977, p.117)

Ya luego en verdad, para lo más extremo de su canto musical, lo emanado por María en su voz intimada, desvela un presentimiento gótico y sombrío, el cual fue decayendo angustioso, hiriente en ella hasta dejarla moribunda como al mismo Andrés Caicedo, quien debido a lo incurado de su depresión, recayó entre su muerte drogadicta.

SEXTA PARTE
REPORTAJE NOVELADO
ANA CARRIGAN
EL PALACIO DE JUSTICIA

Para esta relatoría del nuevo periodismo, como precedente capital, digo que ponerse a inspeccionar y rastrear la Toma al Palacio de Justicia es una obligación política, pero muy complicada. Sobre todo, cuando hay poderosos entre cortinas de humo y testigos asesinados. De tal modo para lo situacional, cabe siendo en verdad este hecho nacional, un evento de acceso dificultoso y muy complejo. En la actualidad, persisten encrucijadas que son delicadas y que no han sido cerradas. Incluso, resulta peligroso entrometerse en este tramoyo de estado, uno puede terminar individuamente amenazado y hasta perjudicado.

A pesar de las trabas entre riesgos; Ana Carrigan Parga, una periodista oriunda de nuestra Colombia, se lanzó por deber al heroísmo republicano de examinar y rescatar esta problemática nacional. La dura labor suya, comenzó por el año de 1991 en Bogotá. Ella eligió reunirse en un café con varias personas sobrevivientes a esta hecatombe. Durante las entrevistas, escuchó atenta las versiones de ellos, recapacitó igualmente aquellos hechos pasados, que fueron de golpe trágicos para esta periodista. En lo íntimo la impactaron, tanto que decidió salir a despachos para conseguir más informantes con audiencias. Ya entonces en el periodo del nuevo milenio, fue destapando reconsideraciones sobre novedades, antes muy veladas en el desconocimiento. En cuanto a lo evidente, resonaron algunas voces anónimas, los miramientos cobraron nuevas direcciones de cavilación. Lo que antes parecía ser un solo atentado, por el grupo ideológico del M-19, tomó ya un trasfondo generacional.

De hecho, gracias a los interrogatorios clandestinos, bastante es la información que Ana Carrigan salva del olvido en cuanto a los crímenes y las víctimas. Por cierto, descubrió que las declaraciones oficiales sobre lo ocurrido fueron distorsionadas así como manipuladas. Se vio que aparte de las personas muertas adentro del Palacio, hubo civiles detenidos y ellos posteriormente desaparecidos.

A propósito, uno de los sabedores de esta conflagración, Juan Manuel López, conviene en que hubo pacto de silencio por orden del gobierno para ocultar los horrores cometidos por las autoridades. Con argucia, ellos pretendieron acomodar las cosas a su mejor preferencia, llevándose posibles testigos hasta la Casa del Florero, para disminuirlos. Menos mal en los videos noticiosos de esa época, observamos el abuso de poder por la fuerza pública, quienes ingresaron con tanques de guerra, lanzando bombazos, junto a soldados disparando a diestra y siniestra, sin ni siquiera pensar en los ciudadanos indefensos. Ya para lo peor, casi nadie se detuvo a generar allí diálogo, todo lo contrario, repercutieron sólo tiros con detonaciones en forma desordenada. Fuera de que varios de los empleados retenidos durante la Toma, salieron a las horas con vida del capitolio, siendo supuestamente rescatados, para que al otro día amanecieran quemados o sin saberse ningún paradero de ellos. Tal verdad, resulta hasta hoy indignante, tremendamente hubo fue desesperación entre nubarrones de sombras. En cruenta realidad para noviembre de 1985; sólo presenció este país de Colombia, la beligerancia tras su misma barbarie.

A causa de tales estremecimientos, Ana Carrigan a temperamento avanzó en su indagación y fue encuadrando el panorama para su trabajo periodístico. A solas, la dama se superó ejerciendo periodismo literario, apunta de detalles rojos, los anotó, las confesiones delicadas rescató con severidad, oyó con reflexión a los protagonistas implicados.

Así en trabajo; ella percató las perspectivas alternativas de la historia, con ello, también contribuyó a la justicia y por medio de su activismo, desveló algunos añejos misterios.

De repaso entre las noches, reunió las noticias de periódicos y los cotejó con perspicacia, donde se dio cuenta de que el Gobierno no quiso transar ninguna negociación con el Movimiento 19 de abril. Y eso fue fatal, nadie en esos momentos resolvió el cese al fuego. De modo que pasó inevitablemente la masacre, corrió entre los seres humanos el derramamiento de sangre.

Además cierto, por estas razones así como por los incumplimientos de carácter público; Ana Carrigan, precisó estas problémicas nacionales así como los orígenes del combate, lo cual mató a centenares de ciudadanos, incluyendo a magistrados y abogados inocentes. Pues entre los dos bandos, ellos destrozaron hasta la Corte Suprema de Justicia, donde apenas quedaron las ruinas.

De conformidad con la realidad, muchos años después, Ana Carrigan sacó a la luz mundial, su libro llamado; *El Palacio de Justicia*. Por lo feraz, tuvo pronta acogida lectora, ya que reabrió este caso tan entreverado de secretos. Es por lo tanto en su complejidad una obra contundente. Desde mi posición, digo que hay realizado en teoría un reportaje literario. Lo expuesto proviene de la misma época examinada, hay aproximación histórica sobre esta catástrofe y tragedia política. Uno se sitúa fuertemente entre esos días austeros, llenos de rudeza, uno igual de a poco va percatando las anécdotas, que avanzan según lo entramado del destino. Entre citaciones y descripciones, los embrollos van contándose con demostración. Hay intensidad en la enunciación exclamada. Lo que ella escribe prorrumpe con potestad, debido al conocimiento suyo sobre este caso, se ratifica su veteranía por las precisiones dadas. Para lo cual, distingo la credibilidad en este trabajo histórico como periodístico, que con sorpresa, conmociona en lo personal. Más a sostenimiento, tal como plantea el maestro; Tom Wolfe:

En el reportaje novelado, la idea es reunir material periodístico y luego ir más allá. Parece primordial estar allí cuando tienen lugar las escenas dramáticas para captar el diálogo, los gestos, las expresiones faciales,

> *los detalles del ambiente y ofrecer una descripción objetiva completa, con aquello, que los lectores tienen que buscar en las novelas o en los relatos breves.* (1977, P.35)

Entre tanto, Ana Carrigan fusionó su documentación con la literatura en su libro. Ella reunió noticias obligatorias y las supo ordenar a prosa decente con los sucesos particulares. Fue por otra parte una desarrolladora exponencial, respecto al nuevo periodismo. Las conexiones causales las mostró de manera divergente en su obra magistral. Una mirada más amplia nos recreó sobre los hechos, siendo ecuánime con sus afirmaciones. Tras el efecto, su investigación proporcionó extensiones de sentido sociológico, veo que es lo correcto. En crescendo, porque este tema se encuentra hoy en día abierto, mientras claro, por su decisión arriesgada, ella comenzó a desempolvarlo para ir criticando las tergiversaciones, que giraban sobre esta gran tragedia.

Ya por supuesto, lo que logró esta mujer, resulta formidable para quienes estudiamos las letras liberadoras. A súbito, impulsó una plétora denunciadora, tocó ella cuestiones hasta judiciales. Lo pudo igual por tener varios artículos probatorios. Con pertenencia, nos habló de los asesinados, vociferó la desaparición forzada. Y ella lo hizo por el pueblo, ciertamente porque se ve su esfuerzo por querer restituir a las víctimas de aquel conflicto armado. El llamamiento lo tiende indudablemente hacia lo humanitario, visitó a propósito el hospital de pobres en Bogotá, para encontrarse con Felipe, un antiguo empleado de la morgue. Allí entablaron ellos coordinaciones definitorias sobre algunos muertos. De repaso, se siguieron reuniendo en otros sitios donde fueron reconstruyendo incidentes determinantes y a lo seria, tras varios trasnochos, relacionó con él, pesquisas claves para su historia.

Aquí específicamente podemos leerlo:

Este libro no hubiera existido sin el trabajo de Felipe y su equipo. Sin los días y las noches que pasamos juntos, revisando horas y horas de videos, estudiando y comparando los resultados oficiales de los post morten con la evidencia de balística de las pruebas que Juan les había practicado a las armas de la guerrilla. Estudiamos minuciosamente los

> *dibujos detallados y los modelos tridimensionales de Mauricio; revisamos y volvimos a revisar sus cálculos frente a las diapositivas y los videos que Felipe había tomado en las ruinas y con los testimonios orales de los sobrevivientes.* (2009, P.35)

Tras este postulado, uno como lector, si procura ser perspicaz, se da cuenta lo exigente que resulta concebir periodismo literario. Deben contrastarse rumores con archivos y hasta toca remirar las actas de criminalística, para algunos casos. Así que esta labor como obviedad, no permite simples sospechas, necesario es ir más allá del aparente contexto para excavar luces entre la confusión y así poder demandar con adecuada coherencia, las problemáticas sociales y jurídicas de una comunidad.

Entre tanto, Ana Carrigan, demostró por medio de su trabajo, que sabe de reportería. En esas hojas fluyen los acervos evidenciables. Hay averiguaciones desde varias focalizaciones, lo que da mayor sustento a sus postulaciones. Por ejemplo, uno halla las cartas de amenazas contra los magistrados, citas de acusación por parte del Consejo de Estado y hasta comunicados de prensa. Constan igual sus referencias de autoridad, que en realidad convencen, dándole sopeso a las argumentaciones suyas. Mejor dicho, ella en vez de ponerse a redactar superficialidades, la detective primero se puso a recuperar la historia, haciendo salidas de campo, para después con la tranquilidad del tiempo, sí ponerse escribir las alegaciones junto con sus proposiciones. Por tal sacrificio, maduró con los años esa obra suya, tan incólume para nuestra nación de Colombia.

Notablemente, ella nos está enseñando sobre la teoría periodística con resoluciones de hecho. Sin retrocederse ante los peligros, ella retomó esos cinco días de noviembre, por aquel año de 1985. Los acercó a ímpetu desde los antecedentes, fue recobrando el ambiente nublado, puso ese drama de lobos en la metáfora viva de su literatura. En su vez de mujer adulta, sugería que las rencillas ideológicas no podían más tolerarse ni soportase, habían de darse las reacciones radicales. El M-19 estaba sublevado y el gobierno empeoraba por desordenado, debido al narcotráfico de aquella época tan pesado. Entonces como último recurso, la insurgencia se dio a la intrepidez de sitiar la Corte Suprema de Justicia para reclamar un poco de libertad social.

Más por su profesión, Ana nos describió los protagonistas de Andrés Almarales y Luis Otero, perfilando también al ministro Enrique Parejo así como identificando al Presidente de la República, Belisario Betancur. De continuidad; ella anotó algunas situaciones pasadas de estas personas; allí sus actitudes matizó bien, mostró como eran de temperamento, lo cual aportó veracidad al universo narratológico. En esencia informativa, tales aclaraciones, le dieron una envergadura compositiva al libro, que permiten al lector se emparente mejor con la novelación del reportaje.

Ya por su demostración expuesta; considero como esta dama en letras, rinde gala a la siguiente frase de Tomás Eloy Martínez:

De todas las vocaciones del hombre, el periodismo es aquella en la que menos lugar hay para las verdades absolutas. La llama sagrada del periodismo es la duda, la verificación de datos, la interrogación constante. Allí donde los documentos parecen instalar una respuesta, le periodismo instala una pregunta. Preguntar, indagar, conocer, dudar, confirmar cien veces antes de informar:

esos son los verbos capitales de la profesión más arriesgada y más apasionante del mundo. La gran respuesta del periodismo escrito contemporáneo al desafío de los medios audiovisuales es descubrir, donde antes había un solo hecho, al ser humano que está detrás de ese hecho, a la persona de carne y hueso afectada por los vientos de la realidad. (1997, P.3)

En tanto este ideal, bien es claro y se aprecia en esta obra; *El Palacio de Justicia*. Los rastreos desde luego en la textualidad, no quedaron limitados a simples corroboraciones. A partir de las primicias sobre los combates entre el ejército con los rebeldes, junto al testimonio de ministros, salieron a flote nuevas inquietudes, tales como la baja de rehenes y el incendio del edificio. Estos dilemas, vale notarlo, todavía persisten sin total resolución en la actualidad. De todos modos, Ana Carrigan generó una obertura de perspectivas sobre la toma a La Corte Suprema de Justicia, muy de relevancia, propiciando variados esclarecimientos en cuanto al contexto por aquellos cinco días tan tremendos.

Adicionalmente, ella desde un narrador omnisciente, relató los movimientos tanto del gobierno como del grupo insurgente, quien corría y tiroteaba desde adentro del Palacio, para contrarrestar los ataques militaristas. Eso estallaban las granadas entre las tanquetas. Los fogonazos asimismo humeaban a pólvora en el ambiente y los disparos seguían resonando con violencia, había riesgoso caos en aquel sector urbano. Mientras a la vuelta, Belisario Betancur en presidencia, escuchando las atronadas, resolvía comunicarse con varios jefes y luego de varias reflexiones, pretendió no negociar nada.

Así en disputa, trepidaban unos tiempos rubicundos, se arriesgaba la patria o la muerte, por creencia del M-19. Ellos tampoco aceptaron rendirse, su operación de Antonio Nariño, la acusaban en favor a los derechos del hombre. A intencionalidad, pretendían salvaguardar las leyes constitucionales como último recurso para su defensiva. Lastimosamente hubo con esa arremetida, más intolerancia sobre ruda hostilidad.

En general, los subversivos pretendieron dominar los cuatro pisos del Palacio, pero a las pocas horas resultaron enclaustrados en medio de los salones. Ellos no consiguieron prever una ruta de escape, fueron sorprendidos rápidamente por el cruce de fuegos con la armada. En este pasaje de Ana Carrigan lo podemos verificar:

Todos los rehenes importantes retenidos por Luis Otero y su unidad, incluyendo el presidente de la Corte Suprema de Justicia, magistrado Alfonso Reyes Echandía, y ocho magistrados más del Consejo de Estado y la Sala Pena estaban atrapados en los despachos del cuarto piso, testigos del caos militar reinantes en el patio central. Dentro de una de estas oficinas, durante los últimos 20 minutos, Luis Otero y Alfonso Joaquín habían estado encerrados con el presidente de la Corte, Alfonso Reyes Echandía, explicándole las razones que motivaron esta invasión de su tribunal por parte del M-19 y presentándole su caso para levar a cabo el justicio histórico al presidente Belisario Betancur. La noticia. La notica de que el Ejército había penetrado al interior del edificio destrozó la calma tan peculiar de esta conferencia surrealista entre el presidente de la Corte Suprema y sus captores. Cuando Luis Otero, el único hombre presente con experiencia de mando militar, se dio cuenta de que el Ejército había hecho trizas las defensas del M-19, comprendió que inmediato que el intento de lograr un histórico golpe publicitario había fracasado. (2009, p.132)

Sobre lo subsiguiente, quedó comprometido el grupo de insurgentes rojos. Por si fuera poco, tras la embestida de los verdes, se hallaron emboscados los rojos y supieron que habían perdido la mitad del armamento, pues lo dejaron en el sótano, lugar el cual ya estaba custodiado por los tanqueros. En razón, tal particularidad nos sugiere un arreglo rápido a tal rebelión; si los Mandos del Estado convienen una tregua para el debate y ofrecer alguna salida para los rehenes, hubiera sido distinta esta historia.

Pero no fue así el destino, ocurrió todo lo opuesto a la integridad soberana. Debido a unas pocas mujeres y hombres soberbios, quienes patrocinaron el desencadenamiento ametrallador, rebulló esa ira de guerreristas. Tal segundo Bogotazo, uno lo ve perturbadoramente en las noticias de aquel terrorífico noviembre de 1985. Allí en los videos informativos, alcanzan a estar registrados los balazos hasta con el estruendo por unos rockets, lanzados desde los tanques, desigual mucha gente iba corriendo despavorida. Ello es sobre manera válido, aunque faltaron grabaciones al interior del Palacio, mientras por su sagacidad; la lectura del reportaje novelado, realizado por Ana Carrigan, nos revela los adentros de la historia por medio de los testimonios.

De hecho, yendo más allá de lo noticioso, ella conjuga las posiciones subjetivas a la vez que algunas consigue discreparlas por medio de sus pensamientos. En lo puntual, ella genera opinión así como intensificación narrativa, pero claro ella puede facultárselo, porque su estudio sobrepasa las ortodoxias. De tal modo, lo suyo tiende a ser una elaboración muy especializada. Discierno que no está encasillada en el simple tecnicismo. En autenticidad; mejor funde distintos saberes a depuración; tal como el derecho con el periodismo, continuando la filosofía del lenguaje con la literatura.

Así bien, por fundamento Alberto Dallal, comenta:

En su conjunto, la literatura universal ha utilizado múltiples conductos y medios de permanencia. Cuántas narraciones que hoy son modelo de destreza y finura literarias fueron el resultado de la costumbre ancestral de fabulizar el hecho cotidiano. Podremos mencionar asimismo muchas obras y versos dichos para sorprendernos, que ahora son mostrados como modelos literarios cuando sus funciones y objetivos se relacionaban más con el conocimiento político, también con el filosófico o histórico y hasta con el sociológico. La literatura universal se ha alimentado a través de todas las ciencias posibles, con todos los elementos, qué incluso sin quererlo, han ensanchado sus procedimientos y expresiones. (Citado por René Avilés Fabila, p.69)

De acuerdo entonces con la obra de Ana Carrigan, noto que este tipo de combinaciones resaltan en su discursividad. A lo largo de las páginas que fraguó ella, uno capta las conceptuaciones inherentes a nuestra realidad y asimismo literales. Estas presentan unos aspectos analíticos, respecto a la crisis de los años ochenta en Colombia. Hay al hecho allí en lo representativo con su obra de periodismo, una recuperación por el sentido del humanismo. Desde la personificación guerrerista, nos bosqueja el desastre de tal pasado según como nos convida a la reforma temperamental, que procuremos ser más aplomados y retengamos al máximo la criminalidad.

Tras lo cual, yo reconozco su levantamiento historiográfico como imprescindible para los colombianos. La manera como escribió la crisis del Palacio de Justicia, fue muy eficaz, me dejó sobresaltado hasta en la mente, su conocimiento acerca del holocausto, pervive en la prosa de este gran reportaje, *El Palacio de Justicia.* Uno en verdad distingue los trasfondos coyunturales de aquella tragedia, gracias a esta periodista. Cada una de las exhortaciones proporcionadas por ella, expansiona realces de credibilidad. Y sus exactitudes por lo fieles, se sostienen sobre la dialógica contemporánea.

A propósito el francés, Paul Ricoeur planteó en su tiempo lo siguiente:

Según la semántica profunda, el texto habla sobre un mundo posible y sobre una posible forma de orientarse hacia sus adentros. Es el

> *texto el que abre adecuadamente y descubre las dimensiones de ese mundo. El discurso es en lenguaje escrito equivalente a la referencia aparente del lenguaje hablado. Va más allá de la mera función de señalar y mostrar lo que ya existe y en este sentido, trasciende la función de la referencia aparente vinculada al lenguaje hablado. Aquí en el texto, mostrar es a la vez una forma de ser creación.* (1995, p.100)

En tanto sobre esta particularidad, bien su lucidez, subyace en la metaforía de la narración, propia de Ana Carrigan. Desde lo abstracto, uno va infiriendo las simbolizaciones y mediante los hechos relatados, se comienza a entrever la ciudad de Bogotá, por allá toda grisácea entre las explosiones. A medida que se avanza en lectura, uno comprende la magnitud anarquista. Lo novelado de esta periodista; nos enluce de frente con la consecución del atrevimiento rebelde y político, dirigido por la extrema izquierda, Alianza Democrática, M-19. Evidentemente, suceden varias reacciones desesperadas de los otros militares armados, las tensiones mentales hasta se perciben por esos tiempos, suenan gritos de angustia, los hombres comprometidos palpitan con agitación, pues resultan personas heridas y muertas. Esto así fuerte, transita por entre las letras rutilantes de este reportaje novelado. Adicionalmente, la investigadora a lo ferviente consiguió forjar las remisiones históricas, porque sabe de literatura y porque conoció a fondo los realismos. En lo total, dio intensidad a lo cruento así como expandió la exégesis periodística en su libro.

Ciertamente ella, contó cuando un grupo de policías, salió a la cacería en helicópteros. Estos hombres raudos, llegaron al edificio y se lanzaron al tejado, aligerándose hacia las posibles entradas, pero en el intento, ellos fracasaron.

Obvio después, según las nuevas horas, se carboneó el Palacio de Justicia entre muchas llamas. Eso chispearon los fogonazos de los ventanales, las flamas iban mezclándose con la humareda, había allí mucha destrucción. En cuanto a lo seguido, muy presumiblemente lo que se esperaba iba a suceder por el lanzamiento de misiles, pasó con guerra sobre lo aterrador. Mientras ruidosas, las matracas retundieron cada vez más duras, hubo impura indisciplina en vez como caía la tarde y el sufrimiento rebosó con extremismo. Por lado y bando, cayeron cantidades de milicianos junto con rehenes. A pesada punición, sobrevino por desboque la muerte junto a la nocturnidad.

En verdad, tal catástrofe, propició tribulas con desilusión humana, se extraviaron los sueños bolivarianos. Las familias involucradas entraron en pánico, agonizaron enlutadas. Menos ni paró pronto lo exabrupto, prolongados los segundos se volvieron tremebundos. Fatalmente, los insurgentes tuvieron que atrincherase en el cuarto piso, por la candela. Una vez se ubicaron allá, un tanto seguros, pudieron contestar con balas a los soldados.

De continuidad, se lee en el reportaje:

Después de siete horas consecutivas de lucha, cientos de tropas, cohetes y explosivos se lanzaron ahora en un esfuerzo por vencer a los quince guerrilleros sobrevivientes bajo el mando de Luis Otero. De acuerdo con el sistema interno de información del propio Ejército, los diversos comandantes en la escena continuaban comunicándose entre sí sobre los detalles de las armas y los explosivos necesarios para lograr su meta; sobre por qué no había llegado la dinamita y dónde se debía recoger a los ingenieros para agruparlos con el general, Arias en el techo. Pero el nombre del presidente de la Corte no se volvió a mencionar, ni una sola vez. (2009, p.188)

Respecto al hecho; nunca más se supo en vida sobre el presidente de la Corte Suprema de Justicia, porque mataron a Alfonso Reyes Echandía en un velo de misterio, confusión que menos mal, después esclareció esta maestra del periodismo literario, Ana Carrigan.

Ya aparte en el resto de la novelación; *El Palacio de Justicia,* ella a lo bella, nos logró evidenciar las muertes de otros magistrados, quienes acabaron en un baño, junto a Andrés Almarales y sus guerrilleros, durante la noche del siete de noviembre, quienes fallecieron siendo fusilados.

Y finalmente por su obra novelada de periodismo; la maestra Ana Carrigan, hoy en día es un corazón ofrecido a todas las víctimas de nuestra guerra, porque no haya más silencio y porque haya más paz en Colombia, loas para esta dama blanca.

SÉPTIMA PARTE
NOVELA PERIODÍSTICA
GABRIEL GARCÍA MÁRQUEZ
NOTICIA DE UN SECUESTRO

En literatura colombiana; la novela periodística, Noticia de un Secuestro, sobresale gracias a la pluma de Gabriel García Márquez. En su gran complejidad, son 347 páginas vertiginosas, que fueron realizadas a partir de hechos reales. El libro está estructurado en once capítulos, más el epílogo de finalidad. Sobre lo temático, todo gira en torno al secuestro colectivo de diez personas, realizado por el grupo ilegal, Los Extraditables. Esta es la trama central de la novela. Así, la temporalidad pasa en ese espacio histórico cuando el Cartel de Medellín, tenía poder de secuestro en Colombia. Entre otras cosas, la primera publicación de esta novela, fue hecha el año de 1996. Y bien, la obra en libro, debido a su importancia histórica, fue difundida por la reconocida Editorial Norma, Editorial De bolsillo, aparte de ser ofrecida por la Editorial Sudamericana.

De acuerdo con su composición, cabe resaltar que la novela fue hecha a costa de trabajo de reportería. Esta aborda aspectos noticiosos; nociones de la realidad sobre un temporalidad histórica. En cuanto a la novelación, tamiza los perfiles de semblanza para los personajes allí recreados, más toda su temática, se halla desarrollada por medio de la prosa.

Así iniciada la exploración; para esta investigación, ahora asumo la novela como periodística, porque profundiza situaciones personales y a la vez sociales, igual posee recopilación de datos, testificación de individuos implicados. Hay entonces encuentros entre el periodista y los informantes para el reconocimiento de los sucesos, fuera de que las revelaciones se ciñen con la experiencia de los secuestrados, quienes fueron raptados por parte del grupo, Los Extraditables.

En la medida de lo subsiguiente, traigo como apoyo al maestro, Gabriel Romero, quien explica:

La novela periodística maneja dos elementos que le da el dinamismo y el aspecto periodístico: tiene la exactitud del hecho y el impacto emocional que se encuentra en la ficción. Al igual que en el periodismo la novela de no ficción debe contar con los elementos significativos, en la prensa el periodista jerarquiza la información y la estructura de esa manera, ya sea en pirámide o pirámide invertida; del mismo modo el escritor debe jerarquizar los momentos significativos o des temps forts, para poder dar la mayor fuerza e interés a la historia al tiempo que se hila idea con idea en una cadena dentro de cada capítulo así como dentro de toda la novela. (2001, p.9)

De esta forma, Gabriel García Márquez siendo relativamente similar en lo creativo, levanta su obra literaria, *Noticia de un Secuestro*, con minucia de referencias, dándole compulsión a los momentos de mayor estremecimiento, sabidos entre el pánico de aquel secuestro lamentable, que inició desde el año de 1990 y hasta el año de 1991.

Por lo demás, Gabriel García Márquez logra reconstruir los hechos a partir de varias entrevistas que realiza con las personas afectadas, quienes medio sobrevivieron tras el drama. De corrido, pone él argumentos propositivos frente a nuestras dificultades sociales en Colombia. Posteriormente, debido a su veteranía, tal como un hombre lúcido, refutando las fuentes, inquiriendo y luego relatando, hace periodismo literario.

Ya en la elucidación, paso a hablar de Gabriel García Márquez. Por ser él un escritor universal, vale la pena estudiarlo sobre este campo del periodismo literario. Además en sus escritos, conceptualizó dicha especialidad tanto informativa como escritural. Por medio de recopilaciones personales, fue armando su literatura por momentos hasta poética. Desde las tradiciones y cuentos que escuchaba de amigos y gente con quien compartía su trabajo de reportero, fue realizando entonces periodismo con literatura. En sus Textos Costeños y en las Notas de Prensa y hasta en sus novelas, aparecen esas nuevas formas de expresión escrita, que obtienen relativamente aspectos modernos. Los contenidos son frescos hasta asentirse el disfrute y la originalidad evocativa. En la medida actual para esta interpretación, elijo entonces inspeccionar el siguiente libro del Nobel colombiano en literatura; *Noticia de un Secuestro*.

Desde lo inicial, uno reconoce esa prosa limpia para la obra literaria. Lo narrado posee intensidad, las frases concuerdan con el género de esta gran novela. Cada cosa relatada es puntual, van figurándose los hechos de un modo adecuado y formal. Según como se avanza con la lectura, crece el interés por querer saberse más sobre las historias, las cuales están cruzadas por una misma penuria, la pesadumbre de las víctimas. En lo terrible, gravita el encierro forzado entre los alaridos, soltados por las personas reprimidas, donde allí sola abunda la rabia entre cuatro paredes. Precisamente, para volver a esos ayeres con intención apreciativa, para que no se repitan o siquiera disminuyan su dolor, aquí pongo algo de aquello tan estremecedor:

No se veía ninguna luz. A Maruja le cubrieron la cabeza con una chaqueta y la hicieron salir agachada, de modo que lo único que veía eran sus propios pies avanzando, primero a través de un patio, y luego tal vez por una cocina con baldosines. Cuando la descubrieron se dio cuenta de que estaban en un cuartito como de dos metros por tres, con un colchón en el suelo y un bombillo rojo en el cielo raso. Un instante después entraron dos hombres enmascarados con una especie de pasamontañas que era en realidad una pierna de sudadera para correr, con los tres agujeros de los ojos y la boca. A partir de entonces, durante todo el tiempo del

cautiverio, no volvió a ver una cara de nadie.
(1996, p.16)

En este momento de golpe, claramente se presiente el sufrimiento, el desespero de estar a oscuras, la incertidumbre de los secuestrados por el futuro. Esto entonces tiende a deducir que las confesiones quedaron bien relatadas, se siente el desespero de los raptados. En meollo inmediato, lo traumático tiene ilación sobre lo real y temporal. Hay así reconstruida una composición de acuerdo con las personas afectadas. Al tanto, lo dicho por Maruja Pachón y su esposo Alberto Villamizar, da severidad al reportaje como una acusación contra la delincuencia violenta. Por cierto que allí se encuentran sus argumentos consistentes. En complejidad, ellos procuran decir lo sustancial sobre el respeto a la libertad; hacen llamados a la cordura, piden el cese de hostilidades. En suma, las nociones son propiamente de ellos. Por ejemplo, cuando participan en las conversaciones, sus tendencias de inmediato se identifican, salen a relucir sus creencias de identidad, las distinciones de sus voces se conocen al repasarlas. Debido a estas particularidades, sobrentiendo la investigación de Gabriel García Márquez, yendo hacia lo formal y estricto del periodismo. Hay en inicio una personalización sobre los aspectos situacionales. Desde lo previo, él realiza entrevistas a semblanza, las hace justamente con quienes fueron retenidos en aquel secuestro. Eso de modo personal, uno lo descifra, uno distingue la amistad suya con las personas mortificadas. Acertadamente, que hallo integridad con las sentencias allí propuestas. Fue entonces así como el maestro, Gabriel García Márquez consiguió los pormenores de todo eso siniestro que mal pasó en Medellín y en Bogotá. Departiendo con quienes sobrevivieron y estando al tanto de los periódicos, él pudo articular esta novela periodística. Más a resultado, lo allí descrito ofrece seriedad en cuanto a lo investigativo. Deduzco como extensivos los comunicados. De por sí a lo severo, hay diálogos que solamente recuerdan ellos quienes estuvieron bajo la custodia de Pablo Escobar y su grupo de bandidos. Aparecen por lógica sus puntos de vista, entre las páginas relatadas, cuyas griterías y demandas, influyeron en la intención textual.

    Lo anterior en consecuencia, pues me pone a juzgar como prevalece más el testimonio de los raptados que de aquellos quienes fueron villanos. Al hecho real, noto las perspectivas de un solo frente, proyectándose nomás las maniobras de los enclaustrados y los políticos. Quedan entonces unos con otros cabos sueltos. Eso salta a la vista, no se aprecian a trasluz las rutinas opuestas, no logra uno detallarlas en profundad. Por justificación, ponen unas pocas opiniones de los encapuchados, la cuales quedan frágiles, son apenas superficiales.

Como paradigma nomás leamos lo siguiente:

Por el ritmo de la respiración, se dio cuenta de que el guardián tendido a su lado estaba despierto. Le preguntó:
-¿En manos de quién estoy?
-En manos de quién prefiere -preguntó el guardián-: ¿de la guerrilla o del narcotráfico?
-Creo que estoy en manos de Pablo Escobar - dijo Pacho.
-Así es -dijo el guardián, y corrigió enseguida- : en manos de los Extraditables. (1996, p.47)

En tanto lo situacional, las psicologías trastornadas de los bandidos, se despreocupan en algunas partes textuales. No son muy bien estimadas las motivaciones de ellos, casi no mostraron las afecciones que tenían ni lo que padecían, son apenas tomados en diatriba contra ellos. Los malévolos actúan animados como sin haber sido estudiados, careciendo de un tratamiento más cuidadoso. Uno así lo arguye a seriedad. Fuera de que tampoco no advierto enfatizada la posición del grupo ilegal, Los extraditables, se sugirieron escasamente algunos argumentos del por qué habían sido reaccionarios. Como predilección, lo allí argumental incorpora es excesivamente las circunstancias que fueron dándose a lo largo del secuestro. Por tanto el autor, por ocuparse más de cada individualidad protagónica, se encrespó y difuminó la situación generacional de aquella época nacional, pues quedó algo desorganizado lo intencional sobre nuestra Colombia.

Así lo interpretado, puedo anotar esto de Albert Chillón:

No existe una sola realidad objetiva externa a los individuos, sino múltiples realidades subjetivas, innúmeras experiencias. Y estas realidades subjetivas adquieren sentido para uno y son comunicables para los demás en la medida que son verbalizadas: engastadas en palabras y vertebradas en enunciados lingüísticos. Los límites del mundo de cada cual son definidos primordialmente por los límites del lenguaje con el que, en el que cada cual aprehende, vive el mundo, su mundo. (1999, p.28)

De razón seguida, Gabriel García Márquez, falló sobre este aspecto de las perspectivas, porque no hizo dialéctica ni expuso la conciencia de los victimarios con la debida rigurosidad. Casi siempre, procuró enfatizar uno o dos puntos de vista, que eran el de las personas afectadas. Lo otro interesante, entonces quedó corto, medio contado por encima en la historia, quedó poco trabajada la falta de educación, mal sabida en los barrios marginados de Medellín y esto evidentemente muestras que estas degeneraciones, conllevan de algún modo a fraguar la delincuencia, por parte de quienes allí resisten en pobreza. No es tampoco para justificar las malas acciones, por los ilegales, más sí para percatarlas con tal de transformarlas y subsanarlas entre nosotros como seres participativos, los hombres y mujeres responsables de este país.

Pese a todo claro, la novela complejiza la guerra del narcotráfico entre el Gobierno y el cartel de Medellín. Eso quiere decir que el conflicto está demarcado. En lo discursivo, transcurren las primicias de los años noventas. Se distingue aquel desconcierto histórico de nuestra Colombia. Por ejemplo uno visiona lo revoltoso cuando lee:

Colombia no había sido consciente de su importancia en el tráfico mundial de drogas mientras los narcos no irrumpieron en la alta política del país por la puerta de atrás, primero con su creciente poder de corrupción y soborno, y después con aspiraciones propias. Pablo Escobar había tratado de acomodarse en el movimiento de Luis Carlos Galán, en 1982, pero éste lo borró de sus listas y lo desenmascaró en Medellín ante una manifestación de cinco mil personas. Poco después llegó como suplente a la Cámara de Representantes por un ala marginal del liberalismo oficialista, pero no olvidó la afrenta, y desató una guerra a muerte contra el Estado, y en especial contra el Nuevo Liberalismo. Rodrigo Lara Bonilla, su representante como ministro de Justicia en el gobierno de Belisario Betancur, fue asesinado por un sicario motorizado en las calles de Bogotá. Su sucesor, Enrique Parejo, fue perseguido hasta Budapest por un asesino a sueldo que le disparó un tiro de pistola en la cara y no logró matarlo. El 18 de agosto de 1989, Luis Carlos Galán fue ametrallado en la plaza pública del municipio de Soacha a diez kilómetros del palacio presidencial y entre dieciocho guardaespaldas bien armados. (1996, p.30)

En tanto con indignación, allí es revelado ese escándalo de mortandad, fraguado por los intereses codiciosos, brotados en mucha inquina. Por lo cual, hay un llamado a que detengamos la rivalidad, que evitemos las locas avaricias. Lo allí volcado en la literatura, ya por cierto me deja en seria reflexión, le abre a uno el alma. Además toda la obra es sugerente, porque hay una recordación nuestra situacional de la época fallida que hemos tenido como nación. La misma muchedumbre por cierto va siendo desagradecida, corroe el infecto chantaje entre ellos por el dinero. Los sicarios ya no quieren creer ni en la muerte. Ellos arrancan en moto, dando bala por la plata y luego de súbito, se caen los chorros de sangre, que resultan entre los cadáveres de esta doliente Colombia. Más a su vez degenerada, abunda en las ciudades la droga, cada quien va siendo egoísta y malvado, ya que se olvidan los valores solidarios. En lo sucesivo, el temblor de los vicios es insoportable en aquella urbanidad moderna, las callejas mantienen llenas de polvo blanco. Nuestras empresas, por tales desordenamientos, caen en recesión humana. Sobre lo fatal, luego las familias terminan afectadas por esas quemazones de la droga. Ya muchas madres con parientes, quedan enlutadas llorando a sus seres queridos. Ellas y ellos los ruegan en su agonía inolvidable. Más a lo desbocada, la inopia discurre entre un montonón de bandas criminales. Los miserables salen a un costado y los traidores acometen por la otra esquina. Eso allí repercute el impuro matoneo bajo las polvaredas barriales. Tal revisión, nos muestra entonces esa decadencia que brotaba por la época de los años noventas.

Ya mientras tanto, los narcotraficantes le temían a la extradición en los Estados Unidos. En ocasiones; ellos se supieron desesperados, llegaron a actuar con improvisación, porque hubo momentos en que se creyeron atrapados. A raíz de esas celadas, ellos tomaron la decisión de matar a varios rehenes para amedrentar las redadas policiales. Antes claro; los dirigentes voceaban acuerdos humanitarios con justicia, pero al final no cumplían nada. Tras lo cual, se puso la querella peor de pesada. Eso entre policías y rebeldes empezaron a dispararse, sin orden ni ley. A lamentación, no había tranquilidad en las comunas. Los parches se reventaban las caras entre ellos, persistía sola la ignominia en medio de la intolerancia. El ambiente era de constante pestilencia. Para lo peor, creció la corrupción a diestra y siniestra en los estrados políticos, más se dieron sobornos mal intencionados, encochinaron hasta a quienes silbaban de ser antes hombres santos.

Por consiguiente, *Noticia de un Secuestro*, creo que es una buena novela. Nos acerca a los problemas de los colombianos, allí lo escritural, las descripciones son aterrizadas de conformidad con esa temporalidad furibunda.

Ahora bien, aquí podemos leerlo:

> *La condición común era el fatalismo absoluto. Sabían que iban a morir jóvenes, lo aceptaban, y sólo les importaba vivir el momento. Las disculpas que se daban a sí mismos por su oficio abominable era ayudar a su familia,*

comprar buena ropa, tener motocicletas, y velar por la felicidad de la madre, que adoraban por encima de todo y por la cual estaban dispuestos a morir. Vivían aferrados al mismo Divino Niño y la misma María Auxiliadora de sus secuestrados. Les rezaban a diario para implorar su protección y su misericordia, con una devoción pervertida, pues les ofrecían mandas y sacrificios para que los ayudaran en el éxito de sus crímenes. (1996, p.76)

De tal forma, el escritor en algunos espacios de la novela es rudo. Con las versiones del pasado, que sostiene, destapa lo grotesco del hombre cuando está metido en la ilegalidad. De simple ladrón, se puede pasar a ser estafador y hasta un perverso. Allí se aprecia como el rufián se va degenerando hasta la oscuridad cuando socava su propia muerte. Estos aspectos a refracción; uno los identifica causalmente en la confabulación central, por medio de los personajes antagónicos. Hay en la medida justa, presentación de hombres móviles en el secuestro, quienes participaron en tal pasado, lo cual da mayor sentido a la información proteica. Los actos determinantes de ellos, son desde luego únicos por sus instintos irascibles. Sobre lo congruente es superlativa esta revelación para la misma narración. Las trasmutaciones personales le dan consistencia al saber contado. Cada implicado, cambia de algún modo la percepción sobre el mundo. Entre ilegales y ricos, se encuentran en su vez confesional a medida que exponen sus ideologías, reconocen más o menos sus existencias, las conciernen de sucesión para el futuro. Tras la conmoción, sus afecciones los pone intranquilos, el dolor de la soledad, influencia una cavilación pormenorizada sobre la psicología intrapersonal en ellos. De correspondencia, una de las intenciones del autor está en preocuparse por los hombres y las mujeres, cuando yacen privados de libertad. Y para lograr estas explicaciones, su conocimiento es limpio como superlativo. Por lo cual, él compone un periodismo adulto, comprometido con su gente. En la medida de estos términos, verifico una obra de gran documentación y por apreciación, tal como discurre la maestra, Deborah Potter:

A diferencia de un propagandista o un divulgador de chismes, el periodista selecciona sus noticias entre la información disponible y determina en qué medida son valiosas y fiables, antes de darlas a conocer al público. Las historias de noticias, ya sea duras o blandas, deben ser precisas. El periodista no sólo tiene que recopilar la información que necesita para narrar la historia, sino también verificar esa información antes de usarla. Confía lo más posible en sus observaciones de primera mano y consulta muchas fuentes para cerciorarse de que la información recabada sea digna de confianza. (2006, p.9)

Así bien, uno como lector considera que el escritor ofreció datos adecuados, sugirió temas judiciales, aparte de que procuró ser riguroso con las incidencias del secuestro colectivo. Fue con este tratamiento un escritor aplicado y un hombre serio. Por lo demás, Gabriel como periodista, no fue imparcial, expuso él su punto de vista, reprobó las razones de hacer autocracia con fusilamientos, lanzó opiniones de manera primaria. Ya claro, por pronunciar su voz delatora como por lanzar juzgamientos es que su novela, se funda en el nuevo periodismo. Dice lo suyo de una manera libre, siendo correcto con la temática trabajada. Aparte de narrar seriamente los hechos; conjuga los archivos relacionados con la historia, refuta además algunas voces, las pone de manera unívoca y así rompe los esquemas tradicionales sobre cómo hacer una noticia, más así con dedicación, ingenia esta novela periodística.

De afinidad, por algo fue que Tom Wolfe escribió:

Muchos reporteros que practican el Nuevo Periodismo emplean un marco autobiográfico, yo estaba allí y así es como influyó en mí, precisamente porque esto parece resolver tantos problemas técnicos. El Nuevo Periodismo se ha definido muchas veces como un periodismo subjetivo por esa precisa razón; verbigracia, Richard Schickel, en Commentary, lo definió como una fórmula en la cual se entiende que el escritor se mantiene en todo momento en primer término. (1977, p.36)

Esto obvio sobre lo actual, nos hace ver la comprensión del escritor colombiano sobre las nuevas tendencias creativas. Cabe la similitud de su preparación con las ideas del norteamericano, Tom Wolfe. Las recapitulaciones del secuestro están cargadas de incitación a la justicia, son resurgentes en la narratología. Lo escrito, muestra claramente a Gabriel García Márquez como un periodista literario. Las indagaciones suyas cuestionan lo insólito, nos invitan a ser cultos, proponen la bondad. Así lo hecho, vale la pena aprobar el entramado para esta noticia de terrorismo. Las enunciaciones que proporciona son basadas sobre lo real, ponen concordancia sobre aquellas situaciones, vividas por las mujeres y hombres implicados. Hay pruebas de hecho que corroboran las tragedias. El asesinato contra Marina Montoya y la muerte de Diana Turbay, certifican a juicio este trabajo documentalista, el cual nos permite concebir como fueron las experiencias lúgubres de las víctimas. Además el narrador es persuasivo con la historia general, tal como él mismo dice:

Maruja empezó mal. Se enroscó en el colchón, cerró los ojos, y durante varios días no volvió a abrirlos sino lo indispensable tratando de pensar con claridad. No es que pudiera dormir ocho horas seguidas sino que dormía apenas media hora, y al despertar se encontraba otra vez con la angustia que la acechaba en la realidad. Era un miedo permanente: la sensación física de un cordón templado en el estómago, siempre a punto de reventarse para volverse pánico. Maruja pasaba la película completa de su vida para agarrarse de los buenos recuerdos, pero siempre se imponían los ingratos. (1996, p.59)

Así bien como vemos, el escritor refiere las impresiones captadas, donde incurriendo en angustias con lacrimosas, da énfasis en los sucesos más funestos. Y el contenido sobre lo efectivo, muestra aprobación y se puede aceptar, tiende a ser algo comercial, sin embargo es a la vez relativo con nuestro pasado. Despliega las eventualidades por medio de las exactitudes mostradas, capta bien las temporalidades espaciales. Desde la abstracción, nos ubica de frente con el hacer personal en general. Las preocupaciones primordiales del hombre, las incorpora aproximadamente en la narratología. Estriba varios fines humanos, que nos mueven desde lo individual hasta la ciudadanía, tales realidades espontáneas están en su novelística. De paso consecutivo, todo este entramado se desenvuelve por lo representativo y en crescendo con agite angustioso, sorprende hasta el remate. Porque claro, hay relacionadas varias problemáticas de tipo político al cabo con su misma gente. Debido a este tratamiento, cabe acotar lo planteado por Albert Chillón:

Las promiscuas relaciones entre la novela y el reportaje conforman uno de los terrenos privilegiados de convergencia entre literatura y periodismo. Se trata de un caso de hibridación de enorme interés, puesto que pone bien de manifiesto que, en lugar de estar separados por rígidas fronteras, periodismo y literatura se hallan unidos por nexos relevantes. (1999, p.195)

Más precisamente en este postulado, tal fundición inventiva, sucede en este libro que supervisa el secuestro, partiendo desde lo demostrativo con la indagación y llegando después a lo estético con la narrativa. Así bien como Nobel, Gabriel García Márquez, traza la crónica de manera asidua en la textualidad, luego enlaza las noticias y en su vez de escritor, va poniendo a flamear su prosa feroz. Hay así, varios puntos de encuentro creacionales en esta novela periodística. El recopilar la información, que se ha recogido y comprobado, trata la especialización del periodismo y condensar el lenguaje, el cual se va a utilizar así como se conjugará, versa sobre la literatura. En tanto este compuesto de potencia, toma rutilancia y solvencia, va hacia el ideal positivo. En propensión, todos sus esfuerzos, generan por supuesto beneficios. Como analista, considero válido el rehacer informativo sobre lo escritural. Sin ningún temor, descifro como el escritor fue rompiendo algunos esquematismos. A intencionalidad, le puso emotividad como novedad a su apuntar delator y definitorio. Con toda personalidad, puso interés a su mejor oficio del mundo, que ayudó a encandecerlo por medio de lecturas y obras maestras. En tal sentido, Gabriel García Márquez juntó ambas disciplinas para lograr esta novela tan novísima.

Por otra parte, los personajes son reales en lo total. Ellos sienten el sufrimiento hasta el aturdimiento. Todos son hombres y mujeres, quienes tuvieron su vida y unos fallecieron, mientras los otros aún tienen su propia existencia. Así por allá, cada quien giraba por la ciudad de Bogotá y de Medellín. Rápidamente andaban ellos con estrés, se encausaban sus destinos entre lo vertiginoso. Los unos iban a trabajar, mientras los otros se alistaron para capturar a esos empleados del Gobierno. Por tales tensiones, se trastocaron los modos de convivir entre ellos. Ninguno de los involucrados, quedó excluido, sus usanzas cambiaron a lo brusco. Con premeditación, los encapuchados tomaron sagazmente la decisión de agarrar y enjaular a diez burgueses, los reprimieron con amenazas de pistola. Esto consiguió descubrirlo el autor mientras repasaba los acontecimientos con firme atención. Por tales represiones, creció la dramaturgia en lo espacial y abstracto de la novela. Con aplicación, le mandó intensidad a lo relatado. Hizo mover los instantes a presión. Así casi no quedaron escenas sueltas, sobresalieron esos traumas para los apresados, padeciendo ellos su mismo terror, varios experimentaron ataques de nervios, los chillidos expulsados eran espantosos, perdían por momentos el sentido de razón. Luego estos enclaustrados, despertaban y vivían sus espejismos estando despiertos, oscuridad seguida de sol, sola rutina claustrofóbica, soportaban entre la agonía. A propósito, muchas de las personas mencionadas lograron librarse de la muerte y en mayoría están lúcidos para opinar sobre aquellos hechos. Entre tanto, los cegadores corrieron a la fuga, se perdieron entre brumas, viajando en camionetas por entre árboles y casonas. Más los malos, duraron un poco de tiempo haciendo de las suyas hasta cuando devino la decadencia del patrón, Pablo Escobar.

Así lo anterior, nos indica que esta obra de Gabriel García Márquez es inquisidora. A costa de esfuerzo y trasnochos, consiguió dibujar el padecimiento vívido de esos individuos inexpertos. Pasó de tremenda a ser rigurosa sobre las revelaciones, tal novelación, tendió a ser sobresaliente con sus argumentos fuertes, pues como asevera Jacques Derrida:

Escribir no es solamente saber que no es necesario que a través de la escritura, a través de la punta del estilo, pase lo mejor, como pensaba Leibniz de la creación divina, ni que ese pasar sea por voluntad, ni que lo consignado exprese infinitamente el universo, se le parezca y lo concentre siempre. Es también no poder hacer preceder el absoluto el escribir por su sentido: hacer descender así el sentido, pero elevar al mismo tiempo la inscripción. (1989, p.20)

Por lo tanto en su forma creativa, la literatura cabe siendo intrincada hasta complicada. Jacques Derrida, bien nos sugiere que lo escritural se empieza a concebir en estado de concentración. Además para alcanzar una obra presentable y digna, toca leer, estudiar, conseguirle pasión a las letras, obligado es fundarla con desbroces y aprobaciones demostrativas. Más esto tan exigente, lo supo y lo resolvió nuestro Nobel colombiano, Gabriel García Márquez. Con periodismo, inspiró las delaciones a templanza, con las letras suyas. Expuso los asuntos comprometedores con parquedad, los pronunció en medio del respeto. No fue muy sensacionalista, más evitó la charlatanería superflua. Evocó en sí esos desencantos con responsabilidad. A costa de comprobaciones, fue siendo creíble, le puso consistencia a las objeciones que fue notificando. Con decencia además las profirió por medio de argumentos sostenibles. Debido a estas impresiones, queda percibida su actitud personal, frugal, sugerente en la novela. Tales rasgos se aprecian en lo textual. Luego de las versiones que escucha, densifica los traumas padecidos por aquellos individuos según como los junta socialmente. Para lo mejor, manejó una crisis pública, resucitándola desde los mismos sujetos afectados. A partir de ellos, comentó las razones de ese vandalismo, repasó él los intereses de esa droga blanca, cuyas causas llevaron a ejecutar tales fechorías. De mayor acose, su novela invade al lector con notificaciones confidenciales, pues abrió una serie de intrigas, las cuales antes estaban ocultas. Algunos políticos implicados, los jueces sin garantías, la extorsión con los secuestros, fueron algunos de los casos tratados. Sobre estos aspectos, la obra es en tanto notoria. Socava aspectos de peligrosidad para aquella época violenta, por eso acaba siendo probatoria, se basa en argumentos sólidos como contestatarios. Con juicio, resultaron varias acusaciones, las cuales definieron la memoria contextual. Ya por tal puntualidad, uno se compenetra de pasión leyendo, *Noticia de un Secuestro*, conforme van pasando los sucesos, entre los secuestros.

Pienso entonces ahora, que la composición lingüística, va yendo orientada hacia la remembranza de aquellos años noventas. En esta parte del libro; podemos corroborarlo:

> *El problema era cómo encontrar a Pablo Escobar en una ciudad martirizada por la violencia. En los primeros dos meses del año de 1991 se habían cometido mil doscientos asesinatos -veinte diarios- y una masacre cada cuatro días. Un acuerdo de casi todos los*

grupos armados había decidido la escalada más feroz de terrorismo guerrillero en la historia del país, y Medellín fue el centro de la acción urbana. Cuatrocientos cincuenta y siete policías habían sido asesinados en pocos meses. El DAS había dicho que dos mil personas de las comunas estaban al servicio de Escobar, y que muchos de ellos eran adolescentes que vivían de cazar policías. Por cada oficial muerto recibían cinco millones de pesos, por cada agente recibían un millón y medio, y ochocientos mil por cada herido. El 16 de febrero de 1991 murieron tres suboficiales y ocho agentes de la policía por la explosión de un automóvil con ciento cincuenta kilos de dinamita frente a la plaza de toros de Medellín. (1996, p.215)

Ya aquí obvio, uno de súbito, repasa el texto y advierte esa información pesada, las pronunciaciones son hasta fuertes, temerarias por las codicias de ambos bandos. Entre delincuentes y policías se mataban y aún se asesinan en la actualidad. En resolución, ello está dictado relativamente y es admisible con nuestra historia.

Aparte en lo seguidamente literal, uno aprecia hostilidad entre los mafiosos contra los politiqueros, cada quien defendía lo suyo a costa de asesinatos. Sobre lo áspero, desenlazó desastres sociales esta guerra de poderosos, la cólera entre los enemigos era brutal, se vivía lo terrorífico en las metrópolis. Todo eso mal fraguado; ahora y claro, nos pone a reflexionar sobre nuestra conducta para mejor regenerarnos, quienes estamos interesados por la rectitud, por ser buenos. En apoyo, Gabriel García Márquez hizo periodismo especializado sobre esta noticia de ilegales, puso en observación las conspiraciones deplorables. De seguido, las juzgó con sensatez y como reacción, generó propuestas de cambio comportamental en los colombianos. Es entonces este trabajo distinto a los tradicionales, porque aboca emociones encontradas, reprueba la delincuencia, aparte sugiere convenios de paz, frente a los grupos de insurrección. En esencia el modo como está escrito es único y profuso de finura, para lo cual, considero pertinente entroncar esto de Ryszard Kapuściński:

Vivimos en un mundo de enorme producción intelectual, donde se han escrito montones de libros sobre todos los temas. Escribir sin conocerlos o sin siquiera saber de su existencia, revela una actitud muy ingenua. Siempre hay expertos en esos asuntos acerca de los cuales nos toca escribir, y el valor de su trabajo es incalculable para el nuestro. (2003, p.42)

De conformidad con lo enunciado, importa asegurar que este libro de Gabriel García Márquez, cierne una indagación concienzuda. La temática analizada es exhaustiva, confronta una noticia y mejor la fortalece con discursividad. Aproxima a quienes quedaron afectados por aquel secuestro, los piensa mediante lo personal, va así de análisis con el sujeto psicológico. Desde allí toma las apreciaciones azarosas. Estas en su sentido son minuciosas, por tal motivo, él abarca también lo grande. Aventaja en desarrollo lo extensivo hasta concertarlo con justificación, nos expone las precariedades de nuestro país. Y propone su miramiento hacia la bondad. Así consigue cumplir su misión como hombre letrado. Pese a que hay ciertas propensiones ideológicas, su retórica prende fogonazos de prominencia. Gracias a lo leído y corroborado, puedo deducir como lo allí propuesto, gravita fundamentado en lo teórico del periodismo. Por aprobación crítica, *Noticia de un Secuestro*, masifica una razón social a punta de reportería y escritura.

Enseguida sobre lo interpretativo, tal como menciona Alberto Dallal:

> *Entre periodismo y literatura se establece entonces un enjambre de relaciones difíciles de detectar en su inmediatez. Hay obras periodísticas que trascienden, superan a sus propias funciones y géneros para insertarse de lleno, con todas las de la ley, de manera definitiva en la literatura.* (Citado por René Áviles Fabila, 1999, p.71)

Así los razonamientos; tenemos como demostración a prestancia, la novela de nuestro maestro, Gabriel García Márquez, quien siendo destacado, saca todo un desfilar colombiano con sus frases hasta culminar la obra escrita, cuya realización periodística y literaria, consigue repercutir hasta lo mundial.

Aparte con precisión, la obra nos convida a meditar en la dignidad humana. Nos empuja al meditar maduro. Un poco nos desnuda de frente al próximo destino. Desde lo unívoco, cada quien encuentra allí un entramado de corte tortuoso sobre su identidad. Allí aparece el nefando que nos entierra entre la indocilidad. Por las esquinas para esos tiempos, regurgitaba la escoria con nuestra violencia urbana. De seguida revancha, los rufianes agarraron rabiosos a una moribunda y llevándola a rastras, rasparon su piel, troncharon sus piernas, la maltrataron. Después con su cobardía, le dispararon a ella en la cabeza, contra el cuerpo suyo, menos quedó por ahí botada en un potrero. No y lo peor fue que tal hostilidad, siguió dándose de manera más abrupta hasta lo indecible por esos años. En vez de aplacarse las rabias, se supieron hasta incontrolables, todas descontroladas. Los gremios se disociaron más en querellas de guerra. Sólo acontecieron atentados terroristas de tarde y de noche en este país. Eso hasta desaparecieron abogados y periodistas, que daba miedo. En verdad, la impunidad anduvo como disparatada por esos días, tan atroces como tormentosos, hubo herviredos de mucha enemistad. El odio se vino como moledora a desmadre para derruirnos como seres humanos. Nadie podía ir por los callejones con seguridad, sin previo aviso, había asaltos de esos enrarecidos y balaceras con matanzas a sangre fría. Tras lo atronador; muchos ciudadanos honrados, fueron a quedar en el sepulcro, entre claveles y rosarios melancólicos.

De consecuencia, Gabriel García Márquez como reportero, nos descorre una cortina de humo y nos pone a remirar la sociedad colombiana. Por tal causa justa, Marta Rivera con libertad de expresión escribe:

Con Noticia de un Secuestro, García Márquez ha escrito una historia terrible donde hay más víctimas que los propios secuestrados. El autor ahonda en el dolor de los que están privados de libertad, pero también en la angustia incalculable de sus familias y en la tensión de los captores. (1996, p.2)

Y por su parte, Melanie Cebrián con soflama comenta:

Noticia de un secuestro, expone los múltiples testimonios que García Márquez ha recabado y describe los momentos cruciales en los que Colombia se constituye en uno de los centros de narcotráfico más importantes del mundo y la mafia de la droga irrumpe en la alta política del país. García Márquez, sostiene que primero se instala un creciente poder de corrupción y soborno, luego pretende imponerse con aspiraciones propias. (2009, p.64)

Estos dos planteamientos, bien se encuentran en la obra periodística del Nobel, Gabriel García Márquez. El escritor resalta estas debilidades humanas durante la historia del secuestro, lo hace para que nos provoquemos una reforma real de pensamientos y actitudes personales. Con acierto, pues nos ilustra sobre varios defectos humanos, sin extravagancia, profundiza en la claustrofobia, para que entre hombres y mujeres empecemos a admitirnos como amigos. De hecho, él ofrece una proposición del ser más educados, su llamado es de amor a la vida y a que seamos cada vez más cultos. Pues la conspiración, nos trae maldición sino paramos los odios a tiempo, mientras que el activismo por el bien, siempre nos empujará por el salvamento de las virtudes. Pero estos fundamentos, tiene que potenciarlos también la gente del Estado Nacional, junto con su campesinado y sus ciudadanos, para que nos movilicemos cada vez mejor, rumbo a la unidad nacional. Lo sensato es ir emprendiendo estos ideales a punta de guapeza. Loable, si juntos avanzamos hacia la renovación intelectual como filantrópica. En la medida real, toca defender ahora las causas supremas, por el florecimiento de una nueva sociedad. Ahora al día, no podemos desistir ni desfallecer; si encontramos obstáculos durante las campañas libertadoras, todo lo contrario, hay que seguir sublimando arte y paz de oratoria y sobre todo, ser prácticos a legitimidad.

Igualmente debemos ejercer el periodismo, los hombres de letras, pues estoy seguro de que si se produce con formalidad, mediante una sincera deontología, dará excelentes beneficios para quienes uno esté laborando por la equidad, además sirve y servirá para quienes están interesados en crecer sobre los conocimientos de sus comunidades y ciudades. De aporte, por cierto aparece Flor de Liz Pérez, reforzando estos ideales con su siguiente punto de vista:

Hoy en día buena parte del periodismo actual está abordando con mayor intensidad y profundidad los acontecimientos presentes, poniendo a debate los cánones de la literatura contemporánea. Ello implica la búsqueda de un periodismo que penetre en la cotidianidad y en el sentido humano que se proyecta en el discurso de los actores sociales y que indudablemente puede empezar a permear los textos a partir de la enseñanza del oficio periodístico. (2003, p.39)

Así es que los cronistas como los literatos, portentoso si oleamos manuscritos íntegros de arte, que encarnen impresiones romanticistas y procesos expansionistas, lo cual será libertario para la fraternidad. De hecho, tales iniciativas uno las encuentra en la obra de Gabriel García Márquez, *Noticia de un Secuestro*.

En tanto, cabe indicar que la novela en cuestión es instructiva. Correctamente, incluye aspectos de moralidad. En orden, nos llama a ser diferentes sobre nuestra mentalidad, nos sugiere aires de tolerancia. Así que la obra aflora en cierta medida al bien. Partiendo desde las dificultades adultas, ella retiñe en los rasgos de nuestra identidad, para que seamos mejores seres humanos. Desde su espacio, nos vemos como en cara de frente a un espejo, ya que la obra delata a los hombres y las mujeres con su estrés moderno, quienes sumidos en sus migrañas por el trabajo, van con sus rabias, pues en estas sociedades urbanas, impera el yo individual y las otras personas que se frieguen, que resuelvan como puedan sus miserias. De corrido, cada quien va yendo como sin brújula hacia ningún lugar fijo, ni realmente civilizado. Más a repercusión, los distritos se boicotean entre las conspiraciones y los bombazos de la guerra. Sobre eso precisamente, la trama novelesca nos llama la atención, nos suspira un alto a las armas. De urgencia, incita a que tomemos acciones distintas sobre la vida. Esto por efecto, nos genera nuevas cavilaciones, respecto con nuestro quehacer como ciudadanos. De modo franco, pues lo acepto, sé que estamos atrasados en ética. Sin embargo, ya llega la hora de preocuparnos por lo superior, juntos debemos crecer por el progreso universal, pues todavía tenemos varios derroteros truncados, frente a social. En verdad, nosotros proponemos muchas cosas a la otra gente, echamos una inmensidad de esperanzas, pero damos poco ejemplo por estar sinceramente unidos como humanidad.

A tal fondo, aquí dejo un extracto de la novela:

Al amanecer del día siguiente, jueves 24, el cadáver de Marina Montoya fue encontrado en un terreno baldío al norte de Bogotá. Estaba casi sentada en la hierba todavía húmeda por una llovizna temprana, recostada contra la cerca de alambre de púas y con los brazos extendidos en cruz. El juez 78 de instrucción criminal que hizo el levantamiento la describió como una mujer de unos sesenta años, con abundante cabello plateado, vestida con una sudadera rosada y medias marrones de hombre. Debajo de la sudadera tenía un escapulario con una cruz de plástico. Alguien que había llegado antes que la justicia le había robado los zapatos. El cadáver tenía la cabeza cubierta por una capucha acartonada por la sangre seca, puesta al revés, con los agujeros de la boca y los ojos en la nuca, y casi desbaratada por los orificios de entrada y salida de seis tiros disparados desde más de cincuenta centímetros, pues no habían dejado tatuajes en la tela y en la piel. Las heridas estaban repartidas en el cráneo y el lado izquierdo de la cara, y una muy nítida como un tiro de gracia en la frente. (1996, p.154)

Ya después de haber leído las frases narrativas, uno de golpe queda todo pasmado. La crudeza sepulcral, marea mis nociones perceptivas, caigo al instante en estado aflictivo. Ese recogimiento del cadáver es paralizador, queda su feminidad entre ríos rojos, se quiebra en el acto el silencio de todos los presentes, la vejez de Marina subyace como irrespetada. Así que por esta dirección, lo anecdótico coge intensificación. Aparecen varias invocaciones para que seamos individuos más sensatos. De hecho, resuena fuertemente la abstracción del exterior para que uno se percate de ese sobresalto. Más con potencia se da tal advenimiento luctuoso. Tal afectación ajena a uno lo trastorna, me alcanza a estremecer en lo físico. Desde luego, porque Gabriel García Márquez está recriminando el susodicho homicidio, con expediente de legitimidad. A punta de dicciones, fuera de sustentar aportaciones, las prueba con su trabajo realista. Sobre ese peso, uno queda respectivamente estupefacto, porque se entorna el periodismo literario, incluyendo argumentos especiales sobre criminalística. Así devela él lo delictivo a exhumación. Lo suyo aparte refunda rechazo contra esos escarnecimientos, se demanda desde lo contextual un alto a la beligerancia. De persistencia, va subiéndose la suficiencia pragmática a costa de embates y alegaciones, por tener las discrepancias que ver con las urdimbres, antes planteadas por el grupo ilegal, Los Extraditables. Así que surge la intención del escritor con templanza, por él querer reivindicar nuestras querencias humanas, tales como la benevolencia, el compromiso de ser buenos ciudadanos y la ilustración, por la misma honestidad. Delante lo cual; supera esta investigación de Gabriel García Márquez las expectativas comunes, ya que sorprende a ultranza con su exhortación.

Sólo que por supuesto, debo decir que el trajín de esta novela, fue mancomunado. La misma eminencia de Gabriel García Márquez, ofreció gratitudes a Luz Arteaga y a Margarita Márquez, por el apoyo que brindaron ellas, respecto con los datos y verificación del material probatorio. El autor artista, dio igualmente muchas gracias a las voces protagónicas, las cuales ya conocemos, Alberto Villamizar y Maruja Pachón. Así pues las pesquisas, considero oportuno traer otra vez a simpatía a Ryszard Kapuściński, quien comenta lo siguiente:

El periodismo en mi opinión, se encuentra entre las profesiones más gregarias que existen, porque sin los otros no podemos hacer nada. Sin la ayuda, la participación, la opinión y el pensamiento de otros, no existimos. La condición fundamental de este oficio es el entendimiento con el otro: Hacemos, y somos, aquello que los otros nos permiten. Ninguna sociedad moderna puede existir sin periodistas, pero los periodistas no podemos existir sin la sociedad. (2003, p.16)

Entre estos términos, por cierto, pueden vislumbrarse los vínculos creacionales de Gabriel García Márquez, fieles con las creencias del periodista bielorruso, Ryszard Kapuściński. Nuestro Nobel de Literatura, asiente con dignidad el apoyo de los otros pensadores y cultores, quienes a confianza posibilitaron la totalidad del libro, *Noticia de un Secuestro*. Fue entonces la obra literaria, un trabajo grupal hasta ciertos límites. Debido a estas pautas, hay que revalidar el periodismo como un proceso participativo, entretejido por distintivos actores sociales. Tal derrotero lo sé más que evidente, nuestra vocación, va de la mano entre unos con otros activistas, así se alcanzan a obtener mayores beneficios. Por ejemplo, mientras yo busco antecedentes en los periódicos, mi amigo puede estar dando con los testigos. De modo parecido, un compañero puede ir organizando los registros según como el otro comienza a escribir el boceto escritural. Por tales ventajas estos trabajos, conviene realizarlos en un grupo de pensadores y periodistas. Hoy es la hora de arrancarse de prepotencias, para que pronto recomencemos a construir mejor, una prensa más seria, la cual es laudable innovarla con holística y literatura. Así de sabiduría, son estos los rumbos nuevos a proyectar hacia el porvenir, por medio de intenciones con ejecuciones y con obtención de resultados, presentables y éticos.

Al tanto, traigo con interés al filósofo, Paul Ricoeur, su ideal me parece indispensable para esta discusión. Concuerdo en como ve el habla y la escritura, más cuando propone lo siguiente:

Cuando consideramos la cadena de cambios sociales y políticos que pueden ser relacionados con la invención de la escritura, podemos suponer que la escritura es mucho más que una mera fijación material. (1995, p.41)

De por sí claro, lo escrito va más allá de lo supuesto o lo increíble. Estos símbolos con signos figurados; los exhala el hombre a energía; por medio de fusiones genera una permanencia de cosmovisiones, que trasmiten visiones a nuestra mente. Hacia lo infinito, se van entramando entre lo intangible. Al cabo estas se complementan como se completan. Por tal respecto, repienso a Gabriel García Márquez como un hacedor de grandes reportajes, quien además desenlaza los complots con destreza, para ponerlos a trasluz en evidencia. Por esfuerzo, sus aspiraciones son tan irrenunciables, le pone él emprendimiento a su arte de narrar los secretos de nuestra Colombia, recapitula las variaciones de nuestra población, propias de nuestro pueblo natural. En total con prestancia, él da su estampa al periodismo literario, por tal motivo, aquí rima el artista:

> *Uno de los gremios más afectados por aquella guerra ciega fueron los periodistas, víctimas de asesinatos y secuestros, aunque también de deserción por amenazas y corrupción. Entre septiembre de 1983 y enero de 1991 fueron asesinados por los carteles de la droga veintiséis periodistas de distintos medios del*

país. Guillermo Cano, director de El Espectador, el más inerme de los hombres, fue acechado y asesinado por dos pistoleros en la puerta de su periódico el 17 de diciembre de 1986. Manejaba su propia camioneta, y a pesar de ser uno de los hombres más amenazados del país por sus editoriales suicidas contra el comercio de drogas, se negaba a usar un automóvil blindado o a llevar una escolta. Con todo, sus enemigos trataron de seguir matándolo después de muerto. Un busto erigido en memoria suya fue dinamitado en Medellín. Meses después, hicieron estallar un camión con trescientos kilos de dinamita que redujeron a escombros las máquinas del periódico. (1996, p.158)

De acompañamiento con lo leído, refrendo la reportería especializada como valiente, por los riesgos que puede engendrar en su desenvolvimiento activo, incluso alcanzando a desatar hasta la misma muerte. Así que para ejercer esta vocación a cabalidad del periodismo, se requiere de un espíritu avanzado, osado al heroísmo de la justicia. Y este es Gabriel García Márquez a vida, pluma y papel, lo suyo lo infundió en sus escritos y a furor lo desplegó y lo logró en su novela, *Noticia de un Secuestro*.

OCTAVA PARTE
LAS CONCENTRACIONES

En orden de ideas filosóficas, expreso que la interpretación de cada narración estudiada, me dejó profundos conocimientos literarios y periodísticos. Ciertamente, para el primer libro; *La Calle del Farol Dormido*, logré apreciar la problemática social de Bogotá, resentida durante los años ochentas. A modo de exploración, noté los suburbios marginados, que son múltiples en pobreza con sus tugurios, donde todos se sacuden entre la descomposición, por esa época tan tremenda del narcotráfico nacional. Los habitantes del barrio Santa Fe, resultaban siendo degenerados y muchos de ellos viciosos. Por este rumbo, entiendo la crisis política de aquella ciudad inmoderna. Y por supuesto, ella de manera inevitable, gestionaba su corrupción por las mezclas del narcotráfico con los carteles de Cali y de Medellín. Así, por desboque los sectores del Cartucho, aumentaron su comercio de drogas, incitando la degradación humana, entre la ilegalidad mortal, la cual ahora corre por los sectores bajos del Bronx, conquistando posteriormente gentíos de mendicidad, decaídos en la miseria humana.

Ya sobre el otro libro, *Bomba de Tiempo*, lo cercioré como una obra de cuentos, cuyos espacios amanecen entre los hogares rurales. De a poco en el repaso escritural, identifiqué el bipartidismo ideológicos de los pobladores. Durante esa recordación setentera, surgieron los hombres interesados en el poder, yendo con sus gobernantes de beneficio, sin importarse en la conciencia por los estropicios que podría causar al proletariado.

Al tanto evidente, surgieron las huelgas populares en la primera historia de este libro literario. Debido a las conspiraciones, hubo hasta grescas y crímenes, los cuales en las siguientes narraciones, prorrumpen con la reacción de grupos armados, quienes enlistados en bandada por el monte, luchan contra la oposición de los ejércitos enemigos.

De tal modo; comprendí el cuento social como una invención rutilante, vistosa de altas manifestaciones, si el escritor lo realiza con proeza, ya que evoca a nuestra realidad y su protesta humana a punta de literatura.

Respecto a esta obra colombiana; *Del Llano Llano,* la identifiqué como una creación de relatos testimoniales. Las historias son evidentemente pesadas sobre lo existencial. En general, me mostraron la guerra de los llanos orientales, propiamente contada por los mismos protagonistas vivientes, quienes la sufrieron en su presente con desesperación. Además, los escritos me aproximaron a los sucesos que fueron pasando allá en esa región de Colombia, durante las luchas populares y después de las muchas reyertas, mostró las consecuencias de esta guerra política, causada por los liberales y los conservadores.

Entonces sobre lo notable, por lo relatado en el libro, comprobé aquel territorio del llano en convulsión social, leí las revueltas de los distintos pobladores, ellos siendo reaccionarios ante el asesinato del caudillo, Jorge Eliecer Gaitán. Al propicio caso, distinguí los momentos más rebotados de esa época violenta. Allí en lo textual, pude apreciar los enfrentamientos entre las milicias contra los militares, lo cual, me sugirió que el país estaba rebotado y desbocado en aquellos tiempos, ya dejando a los pueblos en miseria.

Claro sobre lo cierto, todo lo presenciado en los relatos, pude mirarlo desde la posición de los testigos. Ellos en primera persona, fueron contando sus vidas y fueron determinando algunos eventos importantes de Colombia, que estaban unidos a su historicidad.

En cuanto a la obra literaria; *La Multitud Errante*, capté el conflicto de la violencia en Colombia. En esta instancia, se percibió la disputa ideológica entre los liberales y los conservadores. A tal fuerza, tras la muerte de Jorge Eliecer Gaitán, comenzaron a verse grupos de rebeldes y guerrilleros. Por continuidad, se dio una guerra rural y hasta en ocasiones urbana, la cual está aún presente en nuestras montañas de Colombia. De tal rivalidad, pues se degeneraron una cantidad de tragedias, tales como el desplazamiento forzado, que centra esta novela corta, por medio de sus protagonistas, igual se muestra la violación de derechos humanos, la pobreza en los pueblos junto al rompimiento de familias, trajo variados lutos, respecto a otras gravedades como el debilitamiento de nuestra nación por el mismo despotismo armamentista.

Pero entonces en esta realidad humana, por qué suceden todas estas beligerancias, uno eso se interroga. Ya claro, tras reflexionar, concluyo que tal horror, debe su acción a nuestra ignorancia, por ir perdidos en inmoralidad, queriendo conquistar aspiraciones banas, incluso a costa de transgresiones contra los otros seres humanos, más dejando en olvido la academia griega, partiente en ética desde los presocráticos, depurada luego con Sócrates, asimilada de recorrido por Platón y reforzada por Aristóteles, para ya iluminarla con su llegada y vivencia, Jesús, nosotros aún no temeos la sabiduría de la paz.

En tanto a los iletrados, muchos de los colombianos, van ajenos en sus existencia, respecto con la buena conducta, hay hombres quienes aún son ofensivos, promueven las ansias del poder exabrupto y por su ambición, se produce este desorden que advertimos así como hasta padecemos en esta época actual, por ser una verdad de nuestra sociedad.

Por otra parte, *Qué Viva la Música*, me emparentó con la juventud de los años setentas. Supe allí a los ricos y los pobres de Cali, sabiéndose entre las rumbas exageradas, unos metidos en la música del rock y los otros danzantes en los salones, ellos bailando la música de la salsa y fumando sus drogas.

Así entonces sobre lo literario, yo leí una novela de ciudad, que me sacudió el corazón por moverse en lo infrarealista. Tocó ella los aspectos delictuosos de las juventudes. Si vio lo caótico por las calles nocturnas, que vociferó, sin cobardía en su historia. Y ella entró en mansiones para salir luego a las barriadas populares de Cali. Sobre lo pasado, fue confesando un mundo de drogadictos, vivido por María del Carmen Huerta, la mujer protagonista, quien volcó su frenesí desde el engreimiento hasta quedar socavada en la prostitución.

Tras lo redoblado con rudeza, deduje la obra toda disidente, se impulsó siendo radical para su época bohemia, fue de compulsión tremenda y aún sobre lo claro, resulta persuasiva para esta nueva generación, quien loquea con la cocaína.

Más su dramática es durable, porque hay periodismo subjetivo en tal composición artística, predomina a desnudez lo testimonial, ella te golpea en la mente por haber nacido en la misma ciudad, que nos reconoce con franqueza.

De consecuencia, importa relatar los submundos terrenales, porque nos llaman a ver y a cavilar en la miseria humana.

Seguidamente en el reportaje novelado; *El Palacio de Justicia*, percaté un cataclismo nacional, que resonó a nivel mundial. Fue tal siniestro, tan extremo que difícilmente se podrá olvidar de nuestra memoria. Por cierto, la toma al torreón de la Corte Suprema de Justicia, ya hace parte de nuestra historia colombiana. Ello lo vivimos en aquella década del ochenta. Pero para las familias afectadas, todavía no ha terminado este martirio, ellas aún reclaman algo de justicia, porque les digan la verdad. Muchas madres y parientes, piden saber que pasó realmente con sus seres queridos.

En este sentido, surgió la necesidad del reportaje novelado, *El Palacio de Justicia*, libro el cual me volcó a los sucesos de una manera más despejada. Allí en la obra, se mostró lo antes no contado por ningún presentador de noticias y tampoco informado por ningún reportero. Incluso desde creación periodística, vi con amplitud cada movimiento relevante de los personajes, encaminado tanto por los gobernantes como por los insurgentes.

Fuera de esto anterior, examiné al periodismo en su esplendor más verídico, pues en la anécdota son puestas varias versiones presenciales, durante las horas más comprometedoras de la Toma al Palacio de Justicia. Por esto bien, aprendí a saber como pueden encaminarse las indagaciones para realizar una gran narración. De adición, la prosa es limpia y el lenguaje compositivo, por lo tal este reportaje novelado, propio de Anna Carrigan, me permitió percibir a las personas sobre una manera nítida, igual compenetré sus declaraciones hasta lo muy comprensivo.

Tras lo allá escrito, pienso a la literatura periodística como una obra de arte.

Ahora en la novela periodística, *Noticia de un Secuestro*, interpreté el conflicto de extradición, propuesto por el Gobierno de Colombia contra el Cartel de Medellín y demás narcotraficantes. Esta situación, entonces desembocó en la orden de Pablo Escobar, las cual fue secuestrar a diez personas, quienes tuvieron relación y cercanía con personajes políticos de Colombia, tales como Alberto Villamizar y hasta incluso, Julio César Turbay. En este sentido, debido a los hechos, se deduce la incomprensión general. Ninguno de los dos bandos pretendía trabar algún acuerdo de tregua. Por esos tiempos, persistió fue el sufrimiento y la muerte.

Cada cual con su ideología de vida, porfió con rabia exacerbada al ser belicoso hasta tornarse intransigente en cuanto a sus propios dictámenes. Ya tristemente, los combates disparadores, propiciaron lutos humanos, se decayeron las formas de habitabilidad según como fue devastado el comercio, los constructos de ciudad quedaron paralizados, hubo fue sola guerra. Así mal, la inseguridad abundó en Medellín y en Bogotá de un modo tremendo.

Por estos motivos, muy bien contemplo el periodismo y la literatura como una fusión elevada, por seguir descubriendo a rigor la creatividad. En sí es un generador de renovación cultural, posee muchas ramas a detallar para irlas pronunciando en los reportajes y las novelas periodísticas. Fuera de estos pensamientos, llego a la instancia comprensiva de que para elaborar por los menos un escrito crónico, toca necesariamente estudiar a sus actores y el caso de los hechos, por más superficial que parezca, para uno evitar las especulaciones.

Entre tanto, las siete obras interpretadas, me sirvieron para ejemplificar y esclarecer las particularidades del periodismo literario. Desde allí, pude adentrarme en el relato moderno para apreciarlo como una composición espejista, cuando este sobrelleva indagación recurrente con los protagonistas. Adicionalmente, si su composición está alimentada por el periodismo, pude coger una fuerza sin precedentes. De hecho, la exploración del contexto con la indagación a profundidad, permite abrir mejor la historia que ha pasado y que se pretende contar literalmente.

Ya de acuerdo con el cuento social; vale la pena apreciar lo artístico, su composición permite libertad de expresión, siento que me abre una variedad de trasluces, los escritores pueden ser más poéticos, ellos tienen la posibilidad de narrar con potencia muy colorida, sus impresiones del mundo exterior, fuera de que consiguen jugar con el lector, dándole impresiones simbólicas, siempre obvio emparentando lo histórico con exactitud.

En cuanto al relato testimonial, se sabe muy perteneciente con el individuo, cierne la historia de vida, percibo que procura llegar al dolor humano, se centra mucho en las posiciones personales. A propósito, desde el sujeto pensante, por lo general se cuenta el relato, ya donde con declaraciones, muestra sus nociones de la realidad circundante, tiende también a ser contestatario así como revelador.

Respecto al subsiguiente trabajo, reconozco la existencia de la novela corta en le mundo de las letras. Hace parte de la teoría literaria, ella la cual es válida para abordarla en una problemática especial, igual útil para ahondarla con una historia de vida. Pues si está conjugada con el periodismo, ofrece mayor predominancia apreciativa, porque ocasiona encuentros propiamente con el ser humano, ya sea desde su entorno citadino y también desde su condición existencial.

Entre tanto, ocurre un crecimiento de significación textual en esta generación de novelas, por los elementos realizados con el periodismo y la literatura, los cuales son fuertes y significativos, principalmente cuando se junta la reportería con la creatividad, sucesivos a una elevada narración.

Ahora sobre la novela infrarealista, descubro que su creación debe ser trepidante y toda iracunda. Pues en composición, las cosas son expuestas con severidad, se sueltan los gritos sin miedo, salen fuertes los horrores de la sociedad. A propósito, las palabras empleadas tienen mucha importancia, porque este género de novela, conviene sea llevado a un ritmo y figuración impactantes. En crescendo este género de obra es muy artística, siempre que consiga pleno desarraigo como veracidad mental, llega hasta lo recóndito del alma. Ya claro, noto que esta forma de novelística tiene relación con el existencialismo, debido a su furor perteneciente con la conciencia del ser humano.

De continuidad, para el reportaje novelado, interpreto que este género periodístico, sólo se puede realizar con una indagación seria, respecto con la época social y los eventos investigados. De hecho, hay que acercar lo historiográfico con lo noticioso para sacar a lo sobresaliente una obra de esta magnitud. Evidentemente es obligatorio ser convincentes con las pruebas sustentables, donde también hasta lo más posible, hay que ser verídicos. En su esencia, debe el reportero llegar a lo denso de la información y debe luego demostrar y difundir lo mejor con exigencia, resolviéndose hasta a riesgo de patria o muerte. Claro y aparte de todo, toca escribir como unos literatos consagrados, siempre con tal de darle una representación exacta y superlativa a lo contado.

Ya sobre la novela periodística, vale advertir la complejidad de su creación escritural. De hecho, para bien ejecutarla como para completarla, siempre ella debe ser originada con rigor y severidad investigativa, donde noto por lo visto, que es mucha la información con las entrevistas, que toca realizar con mucho trabajo, para al debido momento seleccionar lo más aplicable según como después toca ordenar cada noticia con los hechos particulares. De resto a lo corrido; urge prodigar una prosa afilada, que debe ser toda afinada al compromiso asumido con nuestra sociedad, que es el informar dentro de los parámetros deontológicos y ético.

En cuanto a lo demás, yo considero el periodismo literario como un estudio extenso, el cual toca irlo concretando a fondo para poder llevarlo a la práctica con arte.

Así entonces lo actual, por ser este estudio periodístico de concepciones complejas, deduzco que hoy en día, pueden generarse nuevas investigaciones. De hecho, vale la pena dedicarse al análisis y la interpretación sobre la comprobación y veracidad de la información obtenida. De seguida validez, cabe aquí examinar los métodos empleados sobre la recuperación de los testimonios. En vez racional, preciso mirar como son relatados los escritos, profundizar en la composición de la escritura. Más evidentemente, partir desde la historia del periodismo novelado y luego contrastar las ideas para ir generando una discursividad filosófica, respecto a la creación de este periodismo especializado. Así mismo, puede ser oportuno como estudio teórico, realizar un análisis dialéctico de objetividad con intersubjetividad periodística, tal discusión proponerla para el mayor esclarecimiento narrativo.

Ya el otro tipo de investigación, sobre el cual conviene trabajar en el periodismo literario, se pertenece en la actualidad sobre la creación epistémica del escritor, propia de su vida con su obra literaria. De hecho a lo filosófico, bueno profundizar el como un escritor del arte, piensa y cuenta sus historias realistas, si desde la experiencia personal o si desde la realidad extrínseca.

En tanto; bien estos lineamientos de proyectos filosóficos; son por cierto necesarios para abrir nuevos campos al mundo del periodismo y la literatura. Evidentemente, toda vez que resulten hechos de relevancia humana y rectitud social, darán unos resultados eficaces a los lectores.

NOVENA PARTE
LOS DERROTEROS

Antes que nada, manejar la entrevista de semblanza con los protagonistas de la historia, luego confrontar la información con los otros testigos.

Ya en el momento de la madurez periodística, escribir los hechos de mayor contundencia histórica y luego poner nuestras argumentaciones reflexivas, siempre con especialidad literaria. De lo contrario, la textualidad quedará inconsistente, ella manchada de conjeturas.

Del otro lado, vale repensar el reportaje como una composición elevada, que al juntarse con el género de la novela, profundiza el llamado periodismo literario.

Seguidamente en lo compositivo, tener en cuenta que para este tipo de obras narrativas, debe haber una mezcla inherente entre periodismo y arte.

Otra recomendación es buscarnos un estilo propio de narración, donde seamos creativos y hasta poéticos con lo que expresamos en la literatura; tanto para manifestar como para profundizar exactitudes, que muchas veces quedan ausentes cuando sólo trabajamos la crónica y el reportaje tradicional.

Más lo eminente; tomar un tema central, analizarlo desde varios puntos de vista y ejecutarlo siendo buenos en nuestra maestría de periodistas, mediante el trabajo de campo, yendo más allá de la aparente realidad.

Aparte en verdad, imprescindible ir al cuarto de los libros, allí ponerse a buscar las referencias históricas, conforme a nuestra indagación realizada.

Y sobre lo final, cuando se tenga el primer boceto del texto, toca depurar varias veces la obra escritural, para uno como hombre de letras, liberar la narración hasta dejarla burilada.

BIBLIOGRAFÍA

Albert Chillon; *Periodismo y Literatura: Una Tradición de Relaciones Promiscuas*. Barcelona. 1999. Universidad de Barcelona.

Alfredo Molano; *Del Llano Llano*. Colombia. 1995. El Áncora Editores.

Ana Carrigan; *El Palacio de Justicia*. Colombia. 2009. Ícono.

Andrés Caicedo; *Qué Viva la Música*. Colombia. 1977. Editorial Norma.

Anuar Saad; *El Periodismo Literario*. Colombia. 2001. Editorial Uniautónoma.

Carlos Arturo Gamboa; *Literatura y Construcción de Nación: Las Narrativas del Deseo*. Colombia. 2010. Cátedra libre.

Carlos Marín; *Manual de Periodismo*. México. 2003. Grijalbo.

Carmen Pujante; *La Nouvelle y La Novela Corta, Entre Narratividad y Brevedad: ¿La Historia de una Infidelidad?* España. 2013. Universidad de Murcia.

César Pérez Pinzón; *La Calle del Farol Dormido*. 1996. Colombia. Ediciones Fórum Pacis.

Damián Garay; *La Multitud Errante de Laura Restrepo: "El Envés del Tapiz, Donde los Nudos de la Realidad Quedan al Descubierto"*. Colombia. 2010. Estudios en literatura colombiana.

Darío Villanueva; *Estructura y Tiempo en la Novela*, Barcelona. 1994. Editorial del hombre.

David Randall; *El Periodista Universal*. Madrid. 1999. Siglo veintiuno de España Editores.

Deborah Potter; *Periodismo Independiente*. Estados Unidos. 2006. Editora Mildred.

Edgar Allan Poe; *La Filosofía de la Composición*. Estados Unidos. 1846. Graham's Magazine.

Eutiquio Leal; *Bomba de Tiempo*. Colombia. 1974. Ediciones Pijao.

Flor de Liz Pérez Morales; *De la Historia Oral al Periodismo Literario*. Barcelona. 2003. Ediciones Pomares.

Gabriel García Márquez; *El Mejor Oficio del Mundo*. 1996. Estados Unidos. Discurso sobre Nuevo Periodismo.

Gabriel García Márquez; *Noticia de un Secuestro*. 1996. Colombia. Norma.

Gabriel Romero; *Transformación, Novela Periodística o de No Ficción*. España. 2001. Polo Académico Internacional.

Georg Lukács; *Problemas del Realismo*. México. 1966. Fondo de Cultura Económica.

Gresta Rivara Kamaji; *Testimonio: Una Forma de Relato*. México. 2007. Universidad Nacional Autónoma de México.

Horacio Quiroga; *El Hombre Muerto*. Uruguay. 1989. Editorial Norma.

Jacques Derrida; *La Escritura y La Diferencia*. Barcelona. 1989. Editorial del hombre.

Julio Cortázar; *Último Round*. Argentina. 1969. Siglo Veintiuno Editores.

Laura Restrepo; *La Multitud Errante*. Colombia. 2001. Punto de Lectura.

Luisa Ballesteros; *Colombia Delirante de Laura Restrepo*. Francia. 2012. Les Ateliers.

Luz Aurora Pimentel; *El Relato en Perspectiva*. México. 1998. Siglo XXI Editores.

Mariana Bonilla; *Periodismo Cultural y Literario en Colombia*. Colombia. 2011. Universidad de los Andes.

Marta Rivera; *Noticia de un Secuestro: El Regreso Anunciado del Cronista*. España. 1996. Revista Espéculo.

Marianne Pansford; *Una Soledad Desobediente*. Colombia. 2013. Revista Arcadia.

Melanie Cebrián; *Representación Histórica en la Obra de Gabriel García Márquez*. Alemania. 2009. Diplomica Verlag.

Olga Fernández; *Palabra, Furia y Razón*. Ecuador. 2002. Ediciones Abya-Yala.

Otto Morales Benítez; *Periodismo, Ética y Paz*. Colombia. 2007. Editorial Universidad del Valle.

Paul Ricoeur; *Teoría de la Interpretación*. Madrid. 1995. Siglo Veintiuno Editores.

René Avilés Fabila; *La Incómoda Frontera entre El Periodismo y La Literatura*. México. 1999. Universidad Autónoma Metropolitana.

Ryszard Kapuściński; *Los Cinco Sentidos del Periodista*. México. 2003. Fondo de Cultura Económica.

Ryszard Kapuściński; *Los Cínicos no Sirven para este Oficio*. México. 2002. Fondo de Cultura Económica.

Tania Chappi; *Entrevista Soñada con Gabriel García Márquez*. Colombia. 2007. Papyros Digitales.

Tom Wolfe; *El Nuevo Periodismo*. España. 1977. Editorial Anagrama.

Tomás Eloy Martínez; *Periodismo y Narración*. Argentina. 1997. Discurso sobre Periodismo.

Umberto Eco; *Como se Hace una Tesis*. México. 1991. Gedisa.

Varias autoras; *Introducción Literaria III*. Argentina. 1980. Editorial Estrada.

www.ingramcontent.com/pod-product-compliance
Lightning Source LLC
Chambersburg PA
CBHW052343220526
45465CB00003BA/932